传统文化融入新时代高校思想政治教育的探索与发展

朱友红 ◎ 著

北京出版集团
北京教育出版社

图书在版编目（CIP）数据

传统文化融入新时代高校思想政治教育的探索与发展／朱友红著．－－北京：北京教育出版社，2024.1
ISBN 978-7-5522-2631-7

Ⅰ.①传… Ⅱ.①朱… Ⅲ.①中华文化—关系—高等学校—思想政治教育—研究—中国 Ⅳ.① K203 ② G641

中国国家版本馆 CIP 数据核字 (2023) 第 193970 号

传统文化融入新时代
高校思想政治教育的探索与发展

朱友红　著

*

北京出版集团
北京教育出版社　出版
（北京北三环中路 6 号）
邮政编码：100120

网址：www.bph.com.cn

京版北教文化传媒股份有限公司总发行
全国各地书店经销
河北宝昌佳彩印刷有限公司印刷

*

710 mm×1 000 mm　16 开本　14 印张　220 千字
2024 年 1 月第 1 版　2024 年 1 月第 1 次印刷
ISBN 978-7-5522-2631-7
定价：78.00 元

版权所有　翻印必究

质量监督电话：(010)58572525　58572393
购书电话：18133833353

前言

　　历史的洗礼与积累，使中国传统文化蕴含着众多优质文化理念。在我国教育事业日新月异的发展过程中，培养学生高尚的思想道德情操日益被社会关注。

　　将传统文化与高校思想政治（以下简称"思政"）教育进行融合，能够更好地教育学生，能够让学生切实领会我国华夏文明的思想和精神，给予学生较为客观而真实的三观理念。传统文化与现实思政文化中的核心内容相互磨合，有助于学生对我国悠久的历史文化内涵有更加深刻的认知与理解，也有助于高校通过传统文化精神与客观实践的并行发展，建设出具有现实价值的传统思政教育大环境，切实满足国家对传统与现实相结合的综合型文化人才的迫切需要。

　　党的二十大报告强调了文化自信的重要性，指出全面建设社会主义现代化国家，必须坚持中国特色社会主义文化发展道路，增强文化自信，围绕举旗帜、聚民心、育新人、兴文化、展形象建设社会主义文化强国，发展面向现代化、面向世界、面向未来的，民族的科学的大众的社会主义文化，激发全民族文化创新创造活力，增强实现中华民族伟大复兴的精神力量。由此也可以看出传承中国传统文化对国家发展的重要性，因此将传统文化与高校思政教育相结合是非常必要的。

　　本书从传统文化的视角出发，详细论述了中国传统文化的内涵和价值，对传统文化融入高校思政教育的策略以及健全传统文化融入新时代高校思政教育的保障体系提出了相应建议，给出了传统文化融入新时代高校思政教育的创新路径，对促进我国传统文化的传承与发展，以及提高我国高校思政教育的水平有着重要意义。

目录

第一章　中国传统文化及其社会与现代价值 / 001

　　第一节　中国传统文化概述 / 003

　　第二节　中国传统文化的社会价值 / 009

　　第三节　中国传统文化的现代价值 / 019

第二章　高校思政教育概述 / 029

　　第一节　高校思政教育的内涵与特征 / 031

　　第二节　高校思政教育的理念与内容 / 037

　　第三节　高校思政教育的方法创新 / 053

第三章　传统文化融入高校思政教育的基础 / 063

　　第一节　传统文化融入高校思政教育的必要性 / 065

　　第二节　传统文化融入高校思政教育的可行性 / 074

　　第三节　传统文化融入高校思政教育的侧重点 / 081

第四章　传统文化融入新时代高校思政教育的基本原则 / 089

　　第一节　以马克思主义为正确指导的原则 / 091

　　第二节　遵循社会主义核心价值观的原则 / 096

　　第三节　"高、实、严、新"的原则 / 104

第五章　健全传统文化融入新时代高校思政教育的保障体系 / 109

  第一节　完善政策与制度保障 / 111
  第二节　打造高水平的师资队伍 / 123
  第三节　优化育人评价体系 / 130

第六章　传统文化融入新时代高校思政教育的路径研究 / 141

  第一节　更新高校人才培养理念 / 143
  第二节　完善家校社协同育人机制 / 152
  第三节　注重传统文化的现代价值转换 / 160
  第四节　扩大传统文化融入的内容与范围 / 162
  第五节　实现传统文化与思政理论课的有效对接 / 169
  第六节　加强科研工作，提升教师科研能力 / 173

第七章　传统文化融入新时代高校思政教育的创新探索 / 177

  第一节　立足"大思政课"的多元主体协同育人 / 179
  第二节　基于核心素养的传统文化与高校思政融合发展 / 187
  第三节　传统文化融入大中小学思政课一体化建设 / 197

参考文献 / 211

结　语 / 215

第一章
中国传统文化及其社会与现代价值

第一章 中国传统文化及其社会与现代价值

第一节 中国传统文化概述

一、文化的一般定义

《现代汉语词典》对"文化"一词的定义如下:"人类在社会历史发展过程中所创造的物质财富和精神财富的总和,特指精神财富,如文学、艺术、教育、科学等。"

广义的文化包括物质文化和精神文化两个方面,它们共同构成了人类社会的文化体系。物质文化主要涉及人类的生产活动和物质生活,而精神文化主要涉及人类的思想、信仰、价值观、道德、艺术等方面。这两者相互依赖、相互影响,共同推动人类文明的发展。

狭义的文化主要指精神文化。精神文化反映了一个民族或社会在思想观念、信仰传统、道德规范等方面的特征,它既与物质文化相依赖,又具有其自身的独特性。精神文化代表的是人与人之间的关系,因为精神文化的产生、传承和发展离不开人类的交往和沟通。

精神文化可进一步细分为制度文化、行为文化和心态文化。

(一)制度文化

制度文化作为一种社会规范和约束力量,对社会秩序的维护和社会成员行为的规范起着重要作用。制度文化可以使社会成员了解并遵循共同的行为准则,确保社会稳定和协调发展。制度文化的核心是通过约束和引导个体行为,实现个人利益与集体利益、社会利益的平衡,以维护整个社会的和谐与稳定。制度文化的形成要经历一个长期的、历史性的过程,它是一个地区在长期的发展历程中逐步形成和完善的。制度文化具有一定的稳定性和持久性,但随着社会的发展和变革,制度文化也会逐步调整和改变,以适应社会的新需求和新挑战。制度文化具有很强的文化特色,不同地区往往有不同的制度文化，这些制度文化反映了各个地区在历史、地理、经济、政治等方面的特殊性。从一定程度上说，制度文化是民族文化和国家文化的重要组成部分，它在一定程度上体现了一个民族和国家的精神风貌和历史传统。

随着全球化的发展，各个地区之间的交流和互动越来越密切。在这个过程中，不同的制度文化也相互影响、相互借鉴，形成了多元制度文化的格局。这种多元制度文化的发展有助于世界各地更好地理解彼此，有助于推动全球发展。

（二）行为文化

行为文化主要是指人的行为举止活动等，是由人类在社会实践中约定俗成的习惯构成的。行为文化既有地域性特点，又有民族性特征，它体现了民族的独特性和多样性。行为文化是民族文化传承和创新的重要载体，它在不断的传承中得到发展和演变。随着社会的变迁，人们的生活方式和价值观在不断地调整和改变，行为文化也在这个过程中得到了丰富和创新。

行为文化对于民族文化的传承和发展具有重要的意义。了解一个民族的行为文化，有助于更好地理解这个民族的历史传统、价值观和生活方式。通过共同遵循和传承特定的行为文化，人们能够感受到归属感和认同感，从而增强民族凝聚力。在全球化的背景下，各民族和地域之间的文化交流日益频繁，人们应该尊重和学习不同民族的行为文化，借鉴各民族文化的优点，丰富自己的文化底蕴，更应该保护和传承好本民族的行为文化，让它们在全球化的大背景下得到更好的发展和传播。

（三）心态文化

心态文化是文化的核心部分，涵盖人们在社会生活中形成的价值观、审美观、思维方式等。心态文化包括社会心理和社会意识形态两个层面，体现了人们的精神世界和观念形态。

社会心理是人们在社会生活中产生的情感、需求、期望等心理状态。

这些心理状态在很大程度上受到个体所处的社会环境、文化背景和教育程度等因素的影响。社会心理在个体和群体之间相互作用，反映了人们在特定历史时期和社会环境下的精神生活。

社会意识形态是在社会心理基础上形成的更为系统化的观念体系，包括基层意识形态和高层意识形态。基层意识形态主要涉及政治理论、法权观念等，反映了社会对政治、法律等领域的认识和观念；高层意识形态则涵盖哲学、文学、艺术等领域，体现了人类在精神文明方面的追求和创造。

心态文化既受制度文化和行为文化的影响，也反过来影响制度文化和行为文化。心态文化与行为文化之间存在内外关系，人们的价值观、审美观和思维方式会在行为中得到体现。

二、中国传统文化的基本内涵

"传统"这一概念是由汉字"传"和"统"组成的。在汉语中，"传"的含义包括传承和传递，而"统"则表示事物彼此之间连续的关系。传统可以解释为从历史上延续至今的思想、文化、道德、风尚、艺术、制度以及行为方式等。

传统是由各个历史时期特定的自然地理环境、经济形态、政治结构和意识形态等综合因素共同作用而自然形成的。这些传统随着时间的推移逐渐积累，通过世代相传的方式，对当代社会和人们的生活方式产生巨大影响。传统在人们的日常生活中扮演着重要角色，并在社会生活的各个方面得以体现。

传统是一种历史积淀，它传承着先辈的智慧和经验，体现了各个地区的特色。当代社会在继承和发扬这些传统的同时，需要不断地创新和发展，以适应时代的变化。传统并非一成不变，而是在历史长河中不断演变、发展。人类应该尊重和传承传统，但也要具备批判性思维，以使传统能够更好地融入现代社会。

从以上分析可以看出，传统文化是一个民族中不断传承的，反映该民族精神面貌和精神风貌的文化形态。它体现了民族的思想和观念形态。传统文化既包括有形的物质文化，也涵盖无形的精神文化。这些文化成分包括人们的伦理观念、价值观念、心理特质等。每个民族都有自己独特的传统文化。

学者庞朴在《传统文化与文化传统》一文中指出："传统文化的全称大概是传统的文化（traditional culture），落脚在文化，是对应于当代文化和外来文化而言的。其内容当为历代存在过的种种物质的、制度的和精神的文化实体和文化意识。例如民族服饰、生活习俗、古典诗文、忠孝观念之类，也就是通常所谓的文化遗产。"传统文化是本民族祖先创造的，具有鲜明的民族色彩。

总之，从广义上讲，中国传统文化是指在数千年的历史中传承下来的，至今仍具有相对稳定性的文化形态，它体现了中华民族的整体特质和风貌。而从狭义上看，中国传统文化主要指在中华民族历史发展过程中产生、传承并发挥作用的精神共性、心理状态、思维方式和价值取向等精神成果。也就是说，它主要包括中华民族的传统观念、心态、习俗等各方面内容。本书讨论的中国传统文化特指狭义上的传统文化。

中国传统文化的核心内涵表现如图 1-1 所示。

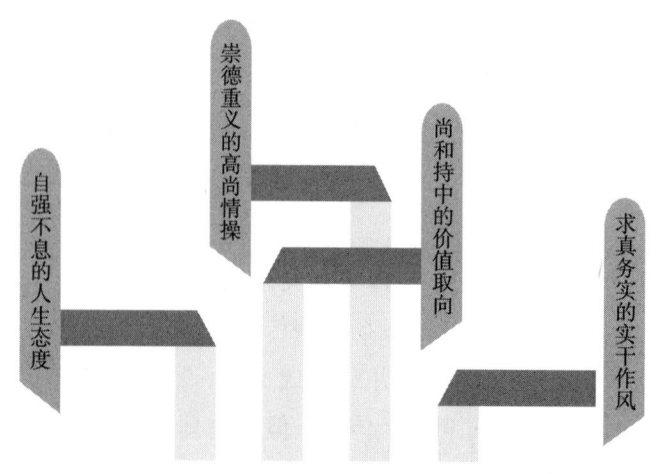

图 1-1　中国传统文化的核心内涵表现

第一章 中国传统文化及其社会与现代价值

（一）自强不息的人生态度

自强不息的人生态度蕴含着不屈不挠、勤奋向上的精神品质，是中华民族几千年文明发展中积累的宝贵精神财富。

儒家文化强调"修身齐家治国平天下"，认为个人应先修养自己的品德，再去建设家庭、国家和世界。这种追求自我完善、努力提升自己品质的精神，正是自强不息的具体体现。通过不断学习、实践和反思，个体在品德修养方面不断努力，力求形成良好的道德风尚。

古人常说"学无止境"，这意味着在求知过程中，应始终保持谦虚谨慎的态度，不断拓展知识领域，提高自己的能力。这种精神在诸子百家思想中有所体现，如儒家的"温故知新"，道家的"学而不厌"，都倡导人们在学习上应勤奋刻苦，不断进行自我提升。

（二）崇德重义的高尚情操

在道德品质方面，崇德重义强调诚信、孝顺、忠诚、仁爱等。诚信是社会交往的基石，强调言行一致、实事求是。孝顺体现了对父母长辈的敬重和关爱，是中国传统伦理道德的基础。忠诚是对国家、组织和领导的忠实拥护，体现了对社会和家国的忠诚精神。仁爱体现为对他人的关爱和尊重，寓于日常生活中的各种行为举止。

例如，在家国情怀方面，崇德重义的高尚情操强调个人应该关心国家和民族的兴衰，为国家和民族的繁荣发展贡献自己的力量。儒家的"忧国忧民"、道家的"为政以德"，都倡导个人在追求自身发展的同时，关注国家和民族的命运。

（三）尚和持中的价值取向

尚和持中的价值取向主张遵循中庸之道，追求和谐共生，是中华民族几千年文明发展中所积累的宝贵智慧。

在个人品行方面，尚和持中的价值取向强调个体应遵循中庸之道，以谦虚、宽容、平衡为原则，处理好与自己、他人和社会的关系。例如，儒家主张"中庸",强调个人在做事处世上把握度,不偏不倚;道家主张"无为而治",倡导顺应自然,不激进争抢。这些思想为个体提供了处理生活琐事和人际关系的智慧。

在家庭伦理方面,尚和持中的价值取向强调家庭成员之间应和睦相处,尊重和理解彼此。在传统文化中,家庭是社会的基本单位,家庭和睦是社会和谐的重要基石。因此,传统文化鼓励家庭成员在相互关爱、扶持的基础上,遵循孝悌、忠信等伦理原则,以保持家庭和谐。

在社会治理方面,尚和持中的价值取向主张和谐共生,强调国家应当以民为本。这一思想在儒家的"仁政"、道家的"德治"等观念中都有所体现。

在人与自然的关系方面,尚和持中的价值取向强调人与自然的和谐共生,主张顺应自然、珍惜资源。中华传统文化认为,人应该敬畏自然,遵循自然规律,以达到天人合一的境界。这种观念在道家的"道法自然"等诸多思想中得到了体现。

(四)求真务实的实干作风

中国传统文化中的三大思想流派为儒、释、道,分别代表儒家、佛家和道家。佛家与道家主要关注精神层面的探求,而儒家思想则以其实用性和实践性为显著特点。儒家倡导人们保持积极参与社会的态度,关心社会发展,投身于各种社会活动,强调实干,即通过自己的努力推动或改变事物的发展。

在历代王朝的尊崇下,儒家思想始终保持主流地位,这种实干精神也因此得到了广泛推广和重视。这促使中国人形成了脚踏实地、吃苦耐劳的品质。中国人往往具备实干的精神,这与中国长期的农耕社会背景密切相关。而这种实干精神,使得中国人在不同时代、不同地点都能发挥积极作用,为国家和民族的发展贡献力量。

中国传统文化在世界民族文化中的延续性确实独一无二,其延续性并非僵化地保持传统,而是在传统基础上不断创新和发展。在中国传统文化的演进过程中,不同时代的思想家和哲人在传统的基础上进行了许多创新,这些创新成果往往是以传统为根基的,而且每一次创新形成的思想文化成果都经过实践和时间的检验,成为传统的新组成部分。

人们可以从这种自我创新和发展的过程中汲取智慧,以传统为基础,结合现代社会的需求和特点,对传统文化进行创新性的传承和发展。只有这样,传统文化才能保持其独特的魅力和价值,为现代社会带来新的活力和启示。

第二节 中国传统文化的社会价值

一、有利于更新道德观念

(一)仁爱、互助与和谐相处

仁爱作为一种崇高的品质,历来受到传统文化的推崇。孔子提出"仁者爱人",强调应广泛地关爱他人,无论对待亲人、朋友还是陌生人,都应以爱心对待。在这样的价值观指导下,人们学会关心他人、同情弱者,形成了一种和谐的社会氛围。

互助是传统文化中强调的一种精神。在农耕文明的背景下,人们懂得只有团结协作、互帮互助,才能在生产生活中克服困难、取得成功。这种互助精神激发了人们的团队协作能力,使得社会更加有序、和谐。

在中国传统文化中,和谐相处被视为一种美好的境界。和谐关系来源于人们相互尊重、宽容和理解,和谐相处的原则被广泛地应用在家庭、朋友、邻里和社会的各个层面。

仁爱、互助与和谐相处这些价值观念在现代社会中仍具有重要的意义。在全球化背景下，人们具有不同的文化背景、信仰和价值观，因此更需要用这种包容和谦逊的心态来处理复杂的人际关系。而在快速发展的社会中，人们面临着来自各方面的压力，这时更需要关爱和帮助他人，营造一种温馨、和谐的社会环境。

（二）忠诚与孝道

忠诚与孝道的价值观念要求人们忠诚于国家、尊敬父母和长辈，以维护家庭和社会的秩序。在历史的发展过程中，忠诚与孝道成为中国社会道德伦理的基石，对人们的生活产生了深远的影响。

忠诚强调人们应该对国家、对领导、对事业忠诚，其中忠诚于国家意味着对国家的发展、繁荣和安定承担责任，为国家的利益、尊严和荣誉而努力。在古代，士人忠诚于君主，将士忠诚于国家，百姓忠诚于家族。忠诚是一种道德规范，规范着人们的行为和思想。在现代社会中，忠诚于国家是国家稳定的基础，忠诚于职业和企业是事业成功的保障，忠诚于家庭和朋友是幸福生活的支柱。

孝道要求子女尊敬父母和长辈，为他们的幸福和健康负责。孝道的核心理念是尊重、关爱和报答。孝道强调尊重父母，即为人子女要遵循父母的教导、尊重父母的意愿。孝道要求子女关爱父母，报答父母的养育之恩，为父母提供精神和物质的支持。不仅如此，孝道还可以扩展到对长辈、师长、领导的尊敬和敬仰，有助于维护社会的和谐与秩序。

（三）礼仪与尊重

在中国传统文化中，礼仪被视为一种表现尊重和谦逊的方式，它规范了人与人之间的交往模式，提倡相互尊重和宽容。礼仪在中国社会中具有极高的地位，被认为是维护社会秩序、教化民众的重要手段。从家庭到国家，礼仪贯穿于中国传统文化的方方面面，影响着人们的日常生活。

随着时代的发展，尽管中国传统礼仪在一定程度上发生了变化，但其核心价值观仍然具有积极的意义。在现代社会中，礼仪作为一种社会行为规范，仍然会对人们的言行举止产生深远的影响。在商业领域，礼仪要求人们在合作、谈判等场合中表现得有礼有节，这有助于建立良好的商业伙伴关系；在学术领域，礼仪体现为对学术成果和学者表示尊重，为学术研究创造一个公平、公正的环境。

在日常生活中，遵循传统礼仪的价值观可以增进人们之间的感情，减少矛盾和冲突。尊敬长辈、关爱弱者、友好相处等礼仪要求使得社会氛围更加和谐、美好。此外，礼仪是中国传统文化的重要组成部分，对外传播中华文化时，礼仪的传统价值观也是一种积极的形象代表。

（四）诚信与正直

诚信是指一个人言行一致、兑现承诺的品质。在传统的儒家文化中，诚信被视为一个人品德修养的基本要素。在现代社会中，诚信仍然具有极高的价值。在商业领域，诚信是企业经营的基本原则，它能够帮助企业建立良好的商业信誉，赢得客户和合作伙伴的信任；在个人层面，诚信是人际交往的基础，它有助于建立稳固的友谊和信任关系，形成健康的社会氛围。

正直是指一个人公正无私、为人坦率无畏的品质。在中国传统文化中，正直与诚信并列为品德的重要组成部分。在政治领域，正直的公务员能够秉公执法，保持清廉，为人民谋福祉；在企业领域，正直的商人能够坚守商业道德，诚实经营，为消费者提供优质服务；在个人层面，正直的品质有助于树立崇高的道德榜样，推动社会风气的转变，形成公正、公平的社会环境。

（五）勤劳与节俭

勤劳与节俭是中国传统文化中强调的两种核心品德，它们与诚信、正直等其他价值观一起，构成了丰富的道德伦理体系。勤劳与节俭蕴含的价值观念不仅对个人修养有着重要意义，对社会和谐及可持续发展也具有深远影响。

勤劳意味着勤奋努力、不懈进取。在传统文化中，勤劳被认为是成功和幸福的基石。一个勤劳的人会珍惜时间，不断提升自己的技能和能力，努力追求卓越。勤劳的品质能够帮助个人实现自身价值，为家庭和社会创造财富。面对激烈的竞争和快速变化的社会，人们需要保持勤劳的精神，不断学习新知识、掌握新技能，以适应时代的发展。

节俭要求人们合理使用资源、珍惜物质。在日常生活中，节俭体现在各个方面，如节约用水、节约用电、节约粮食等。节俭的生活态度有助于保护环境，促进资源的可持续利用。在现代社会中，面对资源日益紧张的现实，人们更应该珍惜资源，养成节俭的生活习惯。

二、有利于民族团结与国家认同

中国传统文化的社会价值不仅表现在个人品德和伦理准则上，还体现在民族团结与国家认同这一更为广泛的领域。民族团结是中华民族繁荣发展的重要基石，而国家认同则有助于形成共同的价值观和信仰，提升国家凝聚力。

（一）民族团结

民族团结一直是中国传统文化强调的核心理念之一，它既是中华民族历史发展的重要推动力，也是民族繁荣富强的关键所在。在漫长的历史发展中，各民族通过不断的交流、学习和借鉴，共同为中华文明的发展注入了源源不断的活力。这种民族间的相互尊重和互助合作，不仅丰富了中华文化的内涵，还为各民族间的和谐共处和共同发展提供了有力保障。

在现代社会中，民族团结对于维护国家稳定、促进各民族共同发展具有重要意义。随着全球化的推进，世界各国的联系日益紧密，民族交流与合作愈发频繁。在这一背景下，民族团结显得尤为重要，它能够为国家的发展提供坚实的基础。为了实现民族团结，需要采取多种措施。

第一，加强民族文化的传播和交流，倡导各民族互相尊重、互相学习、互相借鉴，促进民族团结。各民族既要坚守自己的文化特色，也要接纳外来文化的优点，从而为文化的创新和发展注入新的活力。例如，可以举办各种文化交流活动，让各民族有更多的机会了解、欣赏和学习彼此的文化，进一步加强民族间的联系。

第二，加强民族团结教育，培养民族团结意识。学校教育应该注重民族团结教育，让学生从小就树立民族平等、民族团结的观念，增进对各民族文化的了解和尊重。可以通过各种形式的宣传，广泛传播民族团结的重要性，这样可使更多的人认识到民族团结对国家和民族发展的关键作用。社会各界应该积极参与，共同营造民族团结的良好氛围。

第三，加强法治建设，维护各民族的合法权益，保障民族团结。政府应当制定和实施一系列有利于民族团结的政策，保障各民族在政治、经济、文化等领域的合法权益，为各民族的和谐共处和共同发展提供法治保障。

第四，加强基层民族工作，推动各民族共同参与国家建设和发展。政府应当加大对基层民族工作的资金投入，加强基础设施建设，提高教育、医疗等公共服务水平，为实现民族长治久安、和谐发展奠定坚实基础。

第五，加强国际交流与合作，展示中华民族的民族团结形象。各民族应当积极参与国际交流与合作，充分展示中华民族的民族团结精神和优秀文化传统，为世界提供一个和谐共处、共同发展的典范。

（二）国家认同

国家认同是民族凝聚力的核心，它对于国家的稳定和发展具有不可忽视的作用。在中国传统文化中，对国家的忠诚、对民族的自豪感和对家国情怀的传承都是国家认同的重要体现。传统文化中的诸多精神文化资源，如孝道、忠诚、诚信、仁爱等，都为国家认同的形成提供了丰富的滋养。人们应当继承和发扬这些优秀传统文化，使其在国家建设和发展中发挥积极作用。

第一，要深入挖掘传统文化中的民族精神，将其转化为国家认同的精神支柱。应强调国家认同的历史传承，让人们了解并尊重民族的历史，这样有助于唤起民族自豪感和归属感。在此基础上，可通过教育、宣传等途径助推民族精神发展,从而使人们形成共同的价值观和信仰。

第二,要在教育体系中加强对传统文化的传承和弘扬。可通过学校教育、社会教育等多种途径,助力传统文化成为国民教育的重要内容,培养人们对国家的认同感和归属感。教育部门可以在课程设置、教材编写等方面注重传统文化的融入,让学生从小就能了解和热爱自己的民族文化,为培育国家认同感奠定基础。

第三,要在社会各领域推广和弘扬传统文化,这能够有效增强国民对国家认同的认知。可以通过文化活动、艺术表演等多种形式,帮助人们感受传统文化的魅力,进一步认识到中国文化的独特价值,从而增强对国家的认同感。

第四,要加强国际交流与合作,让世界了解并尊重中国传统文化。政府应当承担起推动国家认同建设的重要责任,制定相关政策和措施,为传统文化的传承和弘扬提供支持。例如,可以通过资金投入、政策扶持、宣传推广等方式,推动传统文化在现代社会中的发展。

三、有利于增长生态智慧

在中华民族数千年的发展历程中,人们积累了丰富的生态文明理念与实践经验,强调人与自然的和谐共生,提倡节约资源、保护环境。

例如,道家哲学强调"道法自然",认为人类应当顺应自然规律,保持人与自然的和谐共生。在道家的观念中,人类与自然是相互依存的,人类要从自然中获取资源,同时要珍惜这些资源,避免过度开发,造成不可逆的环境破坏。

又如,儒家文化中的"天人合一"思想,强调人类要与自然和谐共处,尊重自然界的生命。在儒家观念中,人是自然界的一部分,所以应该遵循道德伦理,尊重万物,维护生态平衡。儒家文化提倡"仁爱"和"和谐",这种观念不仅体现在人与人之间的关系上,也应用于人与自然的关系上,要求人们爱护自然,保护生态环境,实现人与自然的和谐发展。

这些生态智慧对现代社会具有重要的指导意义。它提醒人们要尊重自然规律，在发展经济的同时兼顾环境保护。这意味着人们应该在城市建设、产业发展等方面充分考虑环境的承载能力，实现绿色发展，降低对自然资源的消耗，减少污染物排放。生态智慧教导人们珍惜资源，推行节约型社会。在现代社会，人们应当借鉴古人的智慧，提倡节约、低碳的生活方式，从个人和家庭层面出发，减少能源浪费，保护地球家园。生态文明建设是实现可持续发展的重要途径，政府应当加强对生态环境保护的重视程度，加强环境法治建设，鼓励绿色产业发展，提高全民环保意识，共同维护生态安全。

教育部门和社会各界在弘扬中国传统文化的过程中，应当重视生态智慧的传播和普及。例如，可以将生态智慧和环保理念融入教育教学中，在课程设置、教学内容和教材编写等方面注重环保教育，培养学生绿色生活的意识；可以组织各类环保活动，如举办环保知识竞赛等，让学生在参与中提高环保意识，形成良好的环保习惯。

社会各界可以开展绿色生活、低碳出行等环保宣传活动，倡导人们保护环境，实践绿色生活。例如，举办公益讲座、环保知识大赛等，引导公众关注环境问题，提高环保意识。

政府应加大对环境保护的支持力度，制定和落实严格的环保法规。例如，通过立法、执法和司法手段，加强环境保护法治建设，提高环境污染治理的效果，如提供财政支持和税收优惠，鼓励绿色产业的发展，推动企业采用环保技术和生产方式，减少污染物排放。

媒体在环保宣传中也发挥着举足轻重的作用。媒体可以通过新闻报道、专题节目、公益广告等方式，宣传生态文明建设的重要性，普及环保知识，提高公众的环保意识；还可以通过曝光环境违法行为，监督企业和政府部门的环保工作，推动社会各方面共同努力，保护生态环境。

四、有利于发挥中国传统节庆与民俗活动的作用

中国传统节庆与民俗活动是中国传统文化的重要组成部分,它们体现了中华民族丰富多彩的文化内涵和民族精神。这些传统节庆和民俗活动不仅具有独特的历史价值,还在现代社会中承担着重要的社会功能。下面从几个方面论述其社会价值。

(一)传承民族文化,提升民族凝聚力

中国传统节庆和民俗活动是民族文化传承的载体,它们承载着民族的历史、文化、信仰和习俗,具有丰富的内涵,充分体现了中华民族的智慧和创造力。通过参与这些活动,人们可以更好地理解和体验中华民族的传统价值观,从而增强对优秀传统文化的认同感和自豪感。

第一,传统节庆和民俗活动可以加深人们对民族历史和文化的了解。例如,春节、中秋节等传统节庆,承载着祈福、庆祝团圆的文化内涵。这些节日不仅让人们共同庆祝喜庆之事,还有助于传播民族文化,增强民族认同。各地的民俗活动,如舞龙舞狮等,展示了民族的信仰和风俗传统,让人们在参与过程中更加了解和尊重民族的多样性。

第二,传统节庆和民俗活动有助于培养民族凝聚力。这些活动往往具有强烈的社交属性,让人们有机会相互沟通交流,从而加强联系。这种相互交流有助于民族文化的传承和发展,是增进人与人之间的友谊和情感的纽带,有助于提高民族凝聚力。

(二)传播道德观念

传统节庆和民俗活动寓教于乐,通过各种形式传递道德观念和价值观,对于提升社会道德水平和引导公众行为具有积极作用。其在道德传播方面的价值主要体现在三个方面,如图1-2所示。

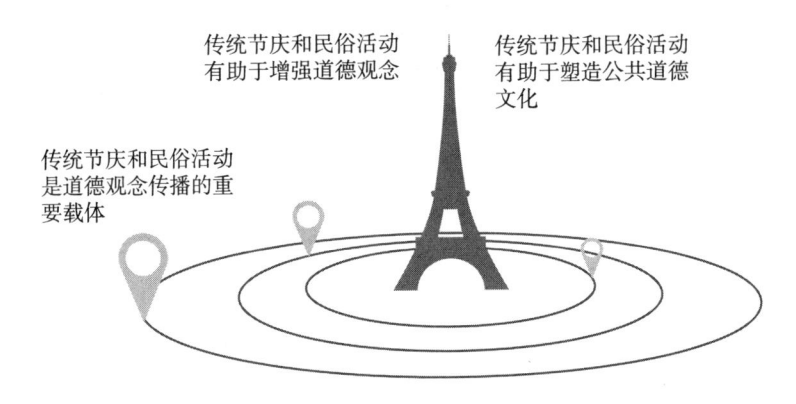

第一章　中国传统文化及其社会与现代价值

图 1-2　传统节庆和民俗活动在传播道德观念方面的价值

1. 传统节庆和民俗活动是道德观念传播的重要载体

传统节庆和民俗活动是道德观念传播的重要载体，它不仅为人们提供了一个愉快的庆祝氛围，也是一种教育手段，帮助人们在参与过程中感受和领悟传统文化的深厚内涵。

在这些传统节庆和民俗活动中，寓言故事、民间传说等形式的故事传播具有极大的吸引力和感染力。这些故事中蕴含着世代相传的道德观念和价值观，如尊敬长辈、孝顺父母、团结友爱、诚实守信等。通过聆听、讲述和体验这些故事，人们对道德观念有了更深刻的理解，从而能够在日常生活中自觉践行这些优良品德。传统节庆和民俗活动在具体实践中为人们提供了丰富的道德教育素材。例如，春节期间，长辈给晚辈压岁钱，以示祝福和期望；中秋节时，家人团圆共赏明月，表达对家庭和亲情的珍视。这些习俗活动通过直观的形式生动地传达道德观念，让人们在实际行动中感受到道德的力量。

2. 传统节庆和民俗活动有助于增强道德观念

传统节庆和民俗活动在促进家庭和社区间的道德交流方面具有重要作用，对于维护社会和谐、传承优秀传统道德观念具有深远影响。

家庭是道德教育的第一课堂。在家庭中，长辈通过讲述寓言故事、民间传说等形式，向晚辈传授尊敬长辈、孝顺父母、团结友爱、诚实守信等传统道德观念，使家庭成员之间的关系更加紧密。

在社区层面，传统节庆和民俗活动有力地推动了邻里之间的交流和互动。社区成员在共同参与节庆活动中相互了解、相互帮助，形成了深厚的社区纽带，从而提高了社区的道德风尚。

无论是长辈向晚辈传授的道德观念，还是社区成员间的互帮互助，都是道德观念在实践中的生动体现。这种直观的感受，使人们对道德观念有了更深刻的理解，使人们更愿意在日常生活中践行这些道德观念。

3. 传统节庆和民俗活动有助于塑造公共道德文化

作为一种丰富多彩的社会活动形式，传统节庆和民俗活动在庆祝喜庆之事的同时，弘扬了一种普遍的道德价值观和行为规范，对公共道德文化的形成和发展起到了重要影响。在这些活动中，尊敬长辈、孝顺父母、团结友爱、诚实守信等优秀道德品质得以广泛传播。人们通过实际行动体验和实践道德观念，如通过帮助邻居、关爱弱者等行为，践行团结友爱、互助互利的道德理念。这些具体行动使道德观念从理论转化为实践，进一步巩固了公共道德文化。

（三）促进文化交流

传统节庆和民俗活动是中华传统文化的一个重要组成部分，它们承载着丰富的历史信息和文化内涵。例如，春节、端午节、中秋节等传统节庆，以及龙舟赛、舞龙舞狮、踩高跷等民俗活动，都反映了中华民族的历史传统和精神风貌。这些活动有助于外国人更好地理解中国的文化传统和民族精神，提高对中华文化的认同感和亲近感。

传统节庆和民俗活动为中外人士提供了一个相互交流、共同庆祝的场合，中外人士可以共同参与各种庆祝仪式、民俗表演和文化活动，共同感受节日的喜庆氛围。这种互动交流有助于增进中外人士的友谊，促进文化理解和认同，同时为中国人提供了一个向世界展示中华优秀传统文化的窗口，有助于提高中国在国际上的影响力。在传统节庆和民俗活动中，中外人士可以共同学习和体验各自的民族文化，从而加深对彼此文化的理解和尊重。这种互鉴和交流有助于世界文化以更加多样和包容的姿态发展，推动全球文化的繁荣和发展。

第三节 中国传统文化的现代价值

一、中国传统文化的思政教育价值

（一）有利于提高人们的思想道德素质和科学文化素质

1. 促进人们形成正确的政治心理、政治态度、政治思想

政治心理、政治态度和政治思想是政治文化的核心组成部分。思政教育对于帮助人们建立正确的政治心理、塑造积极的政治心态和形成有益的政治思想具有关键作用。

（1）建立政治心理。政治心理是指人们在社会政治生活中自然产生的心理反应。这种心理反应属于政治文化的基本层面，表现为一种非结构化、非固定的文化形式。思政教育通过传授政治理论，在人们接收政治信息、产生政治情感、确立政治信仰和形成政治心理的过程中起到关键作用。这是帮助人们形成正确政治文化观念的重要途径，也是实现政治社会化的有效手段。将文化整合到思政教育中，一方面有助于传递和保持社会主流情感和积极心理，推动人们支持和维护政治秩序；另一方面有助于规范和引导人们消除消极情感，解决各类社会纷争和冲突，确保政治体系的顺利运作。

（2）塑造政治心态。政治心态是指人们在社会政治生活中展现的政治意识、政治价值观和政治观点等的总和。将文化融入思政教育，可以更有

效地推动人们吸收政治知识、认同政治价值观、确立政治目标,进而有意识、有目标、有系统地培育正确的政治态度。

（3）形成政治思想。政治思想指的是人们在社会政治生活中形成的关于政治的看法和见解的总和。政治思想是政治文化的核心,是人们对社会政治生活的自觉、系统的反映。每个阶级,特别是处于统治地位的阶级,都有自己的政治思想体系。处于某一政治思想体系中的民众,在长期的政治生活中会形成与社会相适应的政治看法和观点。在这个过程中,思政教育起到了关键作用。将社会主义文化融入思政教育,有利于向人们宣传社会主义观念,使人们认同和接受社会主义观点,引导人们确立正确的社会观念,培养社会主义新人。

2. 促进人们树立正确的世界观、人生观和价值观,坚定理想信念

世界观是人们对自然、社会和人类关系的总体看法。中国传统文化中的儒家、道家等诸多思想体系为人们提供了丰富的世界观资源。例如,儒家倡导"和为贵"的观念,强调人际和谐与和平共处；道家崇尚"道法自然",强调顺应自然,提倡人与自然的和谐共生。这些思想对人们的世界观产生了深远影响。

人生观是人们对人的生存、发展及其价值目标的看法。中国传统文化中的各种哲学流派为人们提供了丰富的人生观。例如,儒家强调"仁爱""忠诚"等道德品质,关注个人修养和家庭伦理,追求内心的安宁与和谐；道家主张"无为而治",追求心灵的自由与超脱。这些理念有助于人们树立正确的人生观。

价值观是人们对事物、观念、行为等价值判断的总和。中国传统文化中的道德观念,如孝顺、忠诚、诚信、礼仪等,都为人们提供了宝贵的价值观资源。这些道德观念在很大程度上影响着中华民族的价值取向。

理想信念是人们对未来的信念和追求。中国传统文化中的诸多思想流派均有自己的理想信念。例如,儒家主张"天下为公",追求社会的公平正义；道家追求"大同世界",期待人类和自然的和谐共生。这些理想信念对人们的精神生活产生了重要影响。

第一章　中国传统文化及其社会与现代价值

3. 增强人们的爱国主义情感，弘扬传统文化，培育民族精神

民族精神是民族文化中较具核心价值的部分，是民族的精神支柱。在中国传统文化中，诸如以孝为本的家庭伦理、忠诚正直的品质观念、民族自强、团结互助等民族精神，对于凝聚民族力量、强化民族认同具有重要意义。将这些民族精神融入思政教育中，有助于培育人们的民族自豪感和信仰。

弘扬传统文化，培育民族精神，有助于国家和民族的繁荣昌盛。一个国家的发展和强大离不开民族精神的支持。通过学习和传承传统文化，人们能够更好地认识民族的历史与现实，增强民族自信，为国家的发展做出贡献。

4. 提高人们的综合素质，实现人的全面发展

人的综合素质是指一个人在德、智、体、美等各个方面的全面发展。这些素质的提升不仅依赖于课堂教育和专业学习，还需要日常生活中的文化熏陶。在这个过程中，思政教育和文化建设起到了重要作用。

文化无处不在，它渗透在每个人的生活中，可以潜移默化地提高人们的各项素质，对人们的内心产生深远的影响。可以说，一个人的思想品德、性格习惯和道德情操等方面的形成，在很大程度上取决于周围文化的熏陶。

将文化融入思政教育，有助于全面提升人们的思想道德素质和科学文化素质，有助于培养有理想、有道德、有文化、有纪律的社会主义新人，实现人的全面发展。

（二）有利于推动思政教育的改革创新

1. 文化融入为思政教育提供了新载体和新形式

中国传统文化在思想教育方面具有丰富的价值，将其融入思政教育为教育提供了新的载体和形式。

传统文化中的故事、寓言、诗词等形式无疑是思政教育的宝贵内容载体。这些作品中包含的丰富道德观念、价值观和人生哲理为教育提供了深厚的内涵。运用这些作品进行教育，可以激发学生的兴趣，引导他们对思政观念进行深入的思考和内化，从而更好地培养道德品质和社会责任感。例如，故事、寓言通常具有引人入胜的情节，能够吸引学生的注意力，使其在愉悦的阅读过程中吸收道德观念。这种教育方式具有隐性和启发性，可以让学生在思考故事情节时自然地感悟到其中蕴含的道德规范和价值取向。诗词作为传统文化的瑰宝，同样具有很高的思政教育价值。许多诗词作品中蕴含着对家国情怀、道德品质、人生哲理的表达和思考，可以启迪学生对美好人生的追求。同时，诗词具有优美的音韵和艺术表现力，能够培养学生的审美情趣，提高他们的文化素养。

传统文化的艺术形式，如戏曲、舞蹈、书画等，可以作为思政教育的新形式。戏曲作为一种具有深厚历史底蕴的艺术形式，既包含了丰富的文化内涵，又具有强烈的表现力。学生通过观看和参与戏曲表演，不仅能领略传统艺术的魅力，还可以在潜移默化中接受思政教育，培养自己的道德情操。舞蹈作为一种富有表现力和感染力的艺术形式，可以展现民族文化的独特魅力。学生通过学习和参与舞蹈表演，既能提高审美能力，又能深入了解民族文化的精神内涵。在这个过程中，学生的民族自豪感和自信心也会得到增强。书画作为传统文化的重要组成部分，承载了中华民族的文化精神。在学习和欣赏书画作品的过程中，学生可以接触到丰富的历史文化信息和道德观念，从而促进思政教育的深入进行。

传统文化的节庆活动、民俗习惯等也可以作为思政教育的载体。基于此，学生可以感受到民族传统的力量，懂得尊重和传承文化，也能加深对社会主义核心价值观的认同和践行。上面已进行介绍，此处不再赘述。

2. 文化融入丰富了思政教育的内容、方法、渠道和环境

社会主义文化建设涉及广泛，它要求改变旧有的、落后的文化，建立先进的社会主义文化。在这个过程中，思政教育同样面临着一系列挑战，如建立新文化、树立社会主义核心价值观、培养新的时代精神等问题。为

了实现社会主义文化的大发展与大繁荣，人们需要深入研究这些问题，传承和弘扬中华优秀传统文化，进一步丰富思政教育内容，改进方法手段，拓宽作用渠道，提高针对性和实效性。文化建设在思政教育方面的作用如图 1-3 所示。

1. 文化建设进一步丰富了思政教育的内容
2. 文化建设进一步拓宽了思政教育的方法和渠道
3. 文化建设进一步营造了良好的思政教育环境

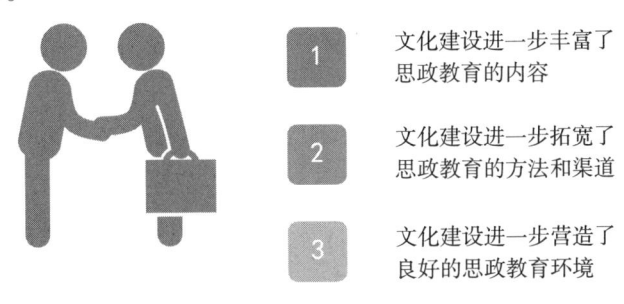

图 1-3 文化建设在思政教育方面的作用

（1）文化建设进一步丰富了思政教育的内容。思政教育可以将中华优秀传统文化内容与现代价值观结合，引导人们树立正确的世界观、人生观和价值观。新时代文化价值观要求人们关注科学、民主、法治、和谐等方面的内容，这些内容在思政教育中具有重要意义。通过文化建设，人们可以更好地宣传和推广新时代文化价值观，从而形成正确的社会观念和行为方式。

文化建设鼓励创新和自主研发，这种创新精神对于提高国家的科技实力和综合国力具有重要意义。思政教育可以通过文化建设培养学生的创新精神，激发他们对民族文化的自豪感，进而增强国家凝聚力。文化建设可以通过弘扬民族优秀文化、宣传革命历史等方式，对学生加强爱国主义教育。在思政教育中，文化建设关注社会主义道德建设，强调公民道德和职业道德的培养。文化建设可以提高学生的道德素质，引导学生遵循社会主义道德规范，形成健康的道德风尚。

（2）文化建设进一步拓宽了思政教育的方法和渠道。将文化融入思政教育之中，可使其更加丰富多彩，更具吸引力。文化建设注重打造优美的文化环境和氛围，在这样的环境中，学生潜移默化地接受心灵的熏陶，形成特定的意识和行为，从而使思政教育更具渗透力，影响力更加持久。

在文化建设的基础上，思政教育以其丰富的内涵，如同璀璨星辰照亮人们前行的道路，引导人们追求美好的精神世界。与此同时，文化建设促使思政教育不断更新自我，焕发出勃勃生机。

（3）文化建设进一步营造了良好的思政教育环境。文化建设的深入推进使良好的思政教育环境得以建立与维护。文化建设的广泛性和多样性为思政教育提供了丰富的土壤，使教育活动得以在更为广阔的领域中开展，更加深入人心。而在这一过程中，文化建设以其独特的魅力，营造出了一个有利于进行思政教育的环境，为社会主义建设提供了强大的精神动力。

第一，文化建设通过弘扬中华优秀传统文化，为思政教育注入了丰富的内涵。传统文化中蕴含的道德观念、价值观和人生哲理为思政教育提供了宝贵的教育资源。这些文化元素既可以作为教育内容，也可以作为教育手段，引导学生在传承中创新、在创新中传承，为思政教育的深入发展提供良好的基础。

第二，文化建设通过推动文艺创作和文化传播，为思政教育提供了广泛的载体。在文艺创作中，作家和艺术家以富有感染力的作品传递正确的价值观和理念，为人们营造了一个充满正能量的文化氛围。而在文化传播过程中，不同的媒体以各种形式传递着社会主义核心价值观，使这些理念得以在社会各个角落生根发芽。

第三，文化建设通过组织丰富多样的文化活动，为思政教育创造了更多互动的空间。这些活动包括文艺演出、展览、讲座等，可为人们提供一个自由交流和互动的平台，使思政教育能够在轻松愉悦的氛围中展开。这种互动性不仅增强了教育的实效性，还拓宽了教育的辐射范围，让更多的人受益于思政教育。

二、中国传统文化的心理教育价值

在中国传统文化中，不论是儒家思想还是道家思想，都会涉及心理健康方面的内容。在实际教育中，教师应当将这些积极因素与当前大学生心理健康教育相结合，这不仅可以有效促进大学生心理健康教育工作的开展，还能够在很大程度上促进大学生整体素质的提升。

（一）内省——形成自我反省意识，促进心理自我调节

儒家学说中的"内省"思想，对于促进大学生心理健康发展具有不可估量的价值，为青年学子提供了一种优雅而深邃的心灵滋养。

内省作为一种自省、自觉、自律的精神追求，强调个体在面对外部世界的诱惑与纷扰时，能够时刻审视自己的内心，修正自己的行为。在当今社会，大学生面临着来自学业、就业、人际关系等方面的多重压力，心理健康问题逐渐凸显。而内省正是一股清泉，滋润着他们干涸的心灵，引导他们在纷繁复杂的现实中找到心灵的庇护所。内省教导大学生反观自己的言行，能够培养出一种独立思考和自我调节的能力。在这个过程中，大学生逐渐学会了自我批判与自我完善，避免盲目追求外在的物质和虚荣，从而达到心灵的平和与成熟。这种内在的力量使他们能够坦然面对生活中的种种困境，不被世俗的潮流所摆布，拥有独立自主的人生观。内省能够引导大学生关注人际关系中的真诚与和谐。在人际交往过程中，自省能使大学生更加关注自己的言行举止，从而减少与他人的误解和矛盾。借助内省的力量，大学生能够在人际关系中找到平衡，实现内心的安宁与和谐。内省还有助于大学生建立正确的价值观，通过对内心的反思与审视，他们能够在众多价值观念中挑选出符合自己的人生道路。这种自我审视、自我选择的过程，有助于大学生拥有更强烈的责任感和使命感，为实现自己的理想和追求而努力奋斗。

（二）自强不息——培养优良意志品质，实现自我价值

自强不息的精神贯穿中国传统文化的始终。自强不息的精神对于培养大学生优良的意志品质、实现自我价值以及促进大学生心理健康发展具有至关重要的作用。

自强不息作为一种顽强拼搏、永不言败的人生态度，激励着大学生在面对挫折与困难时，勇敢地迈向前方，展现出顽强拼搏的品质。这种品质

使大学生不畏艰险，不惧失败，勇敢地追求理想，在这个过程中，他们逐渐学会了坚持，懂得发挥自己的潜能，从而实现自我价值。

在大学生的成长道路上，自强不息的精神如同一把利剑，助力他们在求学、就业、社会适应等方面勇往直前。这种精神能激励大学生不断地自我突破，以更高的标准要求自己，为实现人生目标而不懈努力。这种自我超越的过程，有助于大学生塑造坚定的信念，培养出卓越的品质。正是这种坚定的信念和强烈的责任感，使大学生在面对生活中的曲折和困境时，始终保持乐观向上的心情，相信自己有能力战胜一切困难。这种积极的心态不仅有助于他们在现实生活中披荆斩棘，更能促进心理健康的稳定发展。

自强不息的精神也是一种社会责任感的体现。在追求个人价值的同时，大学生能够关注社会发展，为国家和民族的繁荣贡献自己的力量。这种责任感使他们更加关注社会公益，愿意为他人付出，展现出一种崇高的人格魅力。在这个过程中，大学生不仅能够实现自我价值的提升，也能够为社会的和谐发展做出积极贡献。

（三）中庸之道——心胸豁达，学会自我解脱，维护心理平衡

中庸之道源自儒家思想，是中国传统文化的核心理念之一。它主张遵循自然规律，追求和谐平衡，既不过于强调个体的主观意识，也不盲目追求外在的名利。

中庸之道强调适度与平衡，通过领悟这一哲学原则，大学生能够在学业、事业、人际关系等方面保持平衡，形成一种既务实又理性的处世态度。这种态度有助于大学生在面对纷繁复杂的现实问题时，不会陷入过度焦虑和迷茫，从而实现心理的稳定与和谐。

中庸之道倡导内心的宁静与自省。大学生在接受这一思想熏陶的过程中，能够培养出一种自我审视、自我调整的能力，从而在面对困境时更加冷静、沉着，懂得调整自己的心态，化解心中的压力。

(四)和合思想——淡泊名利,建立和谐人际关系

中国传统文化中的和合思想,源于先贤对人际和谐的追求与体验,是一种蕴含着深厚智慧的人生理念。这一理念强调包容、谦和与合作,旨在倡导人们在相互尊重、互助友爱的基础上共同发展。对于当代大学生而言,这一思想具有指导意义,有助于他们建立和谐的人际关系,从而在社会中更好地实现自身价值。

和合思想有助于大学生认识到名利的相对性。这一理念主张"以和为贵",把人际和谐置于名利之上,提醒大学生要正确看待名利、地位的作用。在这一思想的熏陶下,大学生能够淡化对名利的执着追求,更加注重精神追求和人际关系的建设,能够在面对现实中的诱惑与挫折时,始终保持清醒和冷静,避免走向偏激和极端。

和合思想教育大学生以包容与谦逊的心态处世。在这一理念的影响下,大学生学会尊重他人,珍视人际关系,懂得在与人相处中主动示好、退让,以谦和的态度化解矛盾。这种包容与谦逊的心态有助于大学生在人际交往中树立良好的形象,赢得他人的尊重与信任,从而为自己创造更多的机遇和发展空间。

和合思想倡导人与人之间的合作共赢。大学生在接受这一思想熏陶的过程中,能够深刻理解到人际关系的重要性,学会在合作中充分发挥自己的优势,互补不足,共同发展。这种合作共赢的精神有利于大学生在面对竞争与挑战时,保持合理的竞争心态,不断提升自己的综合素质,为实现个人和集体利益做出积极贡献。

和合思想强调人与人之间的互助友爱。在这一思想的指导下,大学生能够在人际关系中树立正确的价值观,珍视友谊,关心他人,展现出高度的人文关怀。这一思想有助于大学生将乐于助人、团结协作的精神融入日常生活,为自己和他人创造一个和谐友善的生活环境。这样的人际氛围不仅有利于个体心灵的成长,还能激发大学生的创新精神和创造力,使他们在学术、科技、艺术等各领域取得更好的成绩。

（五）知行合一——以知促行，以行求和

知行合一是一种崇高的智慧与品德，它主张知识与行为相辅相成，鼓励人们将学到的知识运用于实践，从而实现人生的价值。对于当代大学生来说，秉承知行合一的精神，有助于他们在求学过程中找到正确的方向，以知识为基石，勇往直前，不断地提升自我、追求卓越。

知行合一教育大学生珍视知识。在这个日新月异的时代，知识成了人们应对各种挑战的关键。大学生应以严谨治学的态度勤奋钻研，不断吸取新知识，为自己的未来奠定坚实的基础。在这一过程中，大学生需要时刻保持谦卑，明白自己的不足，并努力在学术研究、实践创新等方面追求卓越。

知行合一要求大学生在掌握知识的同时，关注知识的应用价值。学以致用是大学生成长进步的重要途径，大学生应将所学知识运用到实际工作中，以解决实际问题，促进社会的发展。通过实践，大学生能够对所学知识进行检验，发现自己的不足，并在实践中不断修正、完善自己的认识，实现知识与行动的有机结合。

知行合一强调大学生在追求个人发展的同时，关注社会责任。大学生作为国家和民族的未来，应具备强烈的社会责任感。他们应该以广阔的胸怀，关注国家和民族的发展，为人类文明的进步贡献自己的力量。在此过程中，大学生需要将个人理想与社会责任相融合，在实现自我价值的同时，积极参与社会公益事业，传播正能量，弘扬社会正义。

第二章
高校思政教育概述

第二章 高校思政教育概述

第一节 高校思政教育的内涵与特征

一、高校思政教育的内涵

思政教育是指在一定的社会阶段，一定的阶级、政党、社会群体或个人基于自身的集团利益、政治倾向、政治和经济权利、人的心理和健康需要，以其思想和行为为媒介，运用一定的政治策略和教育方法所采取的自上而下与自下而上相结合、由外而内与由内而外相结合的社会实践活动。在此表述中，思政教育的概念具有丰富的时代内涵。

第一，加强思政教育主体和客体的联系，使思政教育的目的性呈现多样化，这是教育工作在当代社会的重要课题。在这个过程中，主体和客体之间的联系变得更加紧密，使思政教育不仅能满足不同客体的需求，还能适应社会的变革和发展。人们对知识和信息的渴求在不断增加，对于思政教育的需求也在不断增加，在这个背景下，教育主体需要关注客体的需求变化，以更加全面和多样化的教育内容满足客体的需求，从而使思政教育的目的性呈现出多样化的倾向。

社会价值观的多样化使人们对于政治、道德、文化等方面的认识和看法有了更多元的表达。在这种情况下，教育主体需要与客体建立更加紧密的联系，以便在教育过程中发现并关注客体的多元需求，从而使教育目的具有多样化的特征。随着科技的发展和网络时代的到来，传统的思政教育方式已经无法满足客体的需求。在这个背景下，教育主体需要与客体保持紧密的联系，利用现代科技手段创新教育方式，使教育过程更加贴近客体的生活，更具互动性和趣味性，进而提高教育的目的性。

社会转型期的现实挑战也对思政教育提出了新的要求。面对日益严峻的社会问题，教育主体需要重视客体在解决这些问题中的作用，引导客体积极参与社会实践，使教育内容更具针对性和实效性，从而使思政教育的目的性呈现出多样化的倾向。

第二，强调着眼于多元化的思政教育，这意味着教育的目标和内容将更加丰富和多样。在这种观念指导下，思政教育不再仅仅局限于思想品德范畴，而是拓展到主体和客体的思想、行为和心理健康等多个层面，以期达到全面提升个体素质的目标。多元化的着眼点使得思政教育能够更加全面地关注客体的思想成长。这不仅包括对政治观念、道德准则和价值观的引导，还涵盖对客体世界观、人生观和价值观等多方面的培养。这样的教育能够使客体在思想领域得到全面启迪，更好地适应社会发展的需求。通过这种教育，客体可以在实践中不断地将所学知识和观念转化为行为，形成健康的生活方式和人际关系，更好地为社会发展做出贡献。多元化的着眼点强调思政教育对客体心理健康的关注。心理健康是人的全面发展的重要保障，而在现代社会，人们面临着诸多的心理压力和困扰。思政教育需要关注客体的心理需求，帮助他们建立正确的心理认知，提高心理承受能力，形成积极向上的心态。多元化的思政教育能促进主体和客体之间的互动与沟通。主体需要关注客体的需求和特点，制定个性化的教育策略，以提高教育的针对性和有效性；客体则需要在教育过程中积极参与，主动反馈，与主体共同探讨问题，共同成长。

第三，思政教育的方法、途径、手段和内容呈现出与时俱进的时代特色。这一现象既体现了教师对教育工作的深入思考，也反映了思政教育在适应社会发展需求方面的努力。

传统的教育方法往往以讲授为主，而现代思政教育更加注重启发式、互动式和体验式教学。这种变革使教育过程更加生动有趣，激发了学生的学习兴趣和积极性，有利于提高教育效果。思政教育的途径也在不断拓展。传统的思政教育主要依靠课堂教学和学校组织的活动，而现代思政教育则利用多种途径，如网络、社交媒体、社会实践等。

现代科技的广泛应用为思政教育提供了新的工具。例如，通过数字化、互联网和移动通信技术，教师可以为学生提供更丰富的教育资源，实现线上线下相结合的教育，促进信息共享和资源整合。这些技术的应用使思政教育更加便捷高效，提高了教育质量。

内容上，思政教育呈现出与时俱进的时代特色。随着社会的发展，人们对于政治、道德、文化等领域的认识和看法不断变化，教育内容也需要与时代需求保持一致。因此，现代思政教育注重培养学生的创新意识、批判性思维和国际视野，旨在帮助学生适应复杂多变的现实环境。

第四，思政教育做到两个结合，即自上而下与自下而上相结合，由外而内与由内而外相结合。

自上而下与自下而上相结合体现了思政教育的双向性。自上而下的教育是指教师通过权威性的引导，传授给客体正确的政治观念、道德准则和价值观。这种方式有利于确保教育内容的正确性和权威性。自下而上的教育则注重发挥客体的主观能动性，鼓励他们积极参与教育过程，主动提出问题和建议，从而使教育更加贴近客体的实际需求。这种双向性的结合有助于提高教育的实效性，使教育既具有权威性，又能满足客体的个性化需求。

由外而内与由内而外相结合体现了思政教育的内外兼修。由外而内的教育主要关注客体的外部表现，如行为规范、道德素质和社会适应能力等。这种方式有助于培养客体良好的行为习惯，使他们更好地融入社会。由内而外的教育则着重于客体的内心成长，关注他们的思想观念、心理素质和情感态度等。这种方式有助于提高客体的心理素质，使他们在面对社会挑战时能够保持健康的心态。内外兼修的教育方式有利于全面提升客体的素质，使他们在思想、行为和心理等多个方面得到全面发展。

二、高校思政教育的特征

高校思政教育具有一定的特征，这些特征使其在整个教育体系中具有独特的地位和价值。高校思政教育的主要特征如图 2-1 所示。

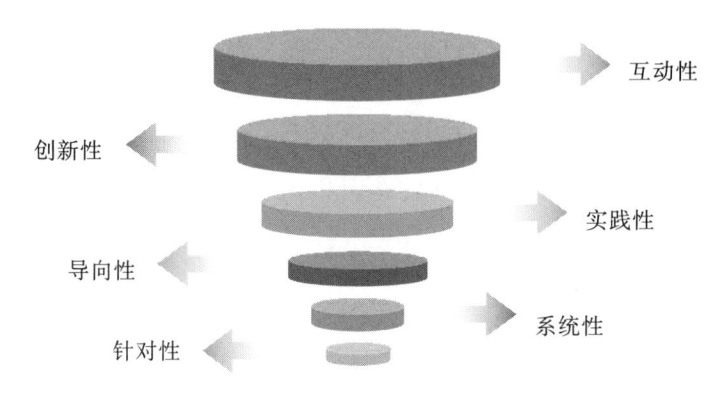

图 2-1 高校思政教育的特征

（一）针对性

高校学生在知识结构和认知能力方面具有一定优势。在高等教育阶段，他们已经接受了丰富的基础教育，具备较强的分析、判断和解决问题的能力，这使他们在面对复杂的社会现象和问题时，可以更加深入地思考，提出有价值的见解和解决方案。高校学生处于人生观形成的关键时期。在这一阶段，学生的世界观、人生观和价值观逐渐确立和发展。他们需要从各种信息和观点中筛选出对自己成长有益的内容，形成独立的思考和判断。这对高校思政教育提出了更高的要求，即教师能够针对这一特点，提供更为深入、全面的知识和观念，帮助学生树立正确的价值观和人生观。

高校学生的独立思考能力和高知识水平也意味着他们对教育内容和方法的要求更高。他们很可能对传统的、教条式的教育方式产生抵触情绪，而更喜欢自主、互动、富有创新性的教育方式。因此，高校思政教育需要不断创新，吸引学生的兴趣，从而提高教育效果。

（二）系统性

第一，全面、系统的思政教育有助于提高学生的综合素质。通过学习涵盖政治、经济、文化、社会等多个方面的知识，学生可以更好地了解国家和社会的发展，形成全面的知识体系。这有利于学生在未来的学术和职业生涯中发挥更大的作用，为社会做出贡献。

第二，全面、系统的思政教育关注学生的思想道德、心理健康等方面的培养，可以促进学生内心的成长。高校学生面临着世界观、人生观和价值观的确立和发展，他们需要充分理解和体会传统文化中的道德观念和价值取向。高校应该关注这些方面的教育，引导学生形成健康的道德观念和心理素质，为未来的人生发展奠定基础。

第三，全面、系统的思政教育有助于培养学生的创新能力和批判性思维。在这一教育过程中，学生需要在各个方面的知识体系中找到联系点和差异点，进行深入的思考和分析。这有助于提高学生的创新思维能力，使他们能够在未来的学术和职业生涯中更好地适应不断变化的环境。

第四，全面、系统的思政教育可以增强学生的国家认同感和社会责任感。在学习的过程中，学生能够更深入地了解国家的历史、文化和现实情况，增强对国家的认同感；也能更好地理解自己作为社会成员的责任和义务，为社会的和谐稳定和发展做出贡献。

（三）导向性

教师要教育学生认识国家的历史、文化和现实情况，理解社会主义核心价值观，引导学生树立正确的民族观、国家观、历史观。这对于培养学生正确的价值判断、价值取向和价值追求具有重要意义。要着重培养学生的道德情操，引导学生养成诚信、守法、团结友善、勤奋进取等优良品质，使他们成为具有社会责任感和道德担当的有品质的公民。要引导学生热爱祖国，为实现中华民族伟大复兴的中国梦而努力奋斗，使学生将个人的发展融入国家的发展大局，为国家的繁荣和民族的强大贡献智慧和力量。要激发学生的求知欲和创新意识，培养他们敢于质疑、勇于探索的精神，以批判性思维推动科学、文化、社会等领域的发展，为社会的进步做出贡献。

（四）实践性

高校思政教育需要注重理论与实践的结合。实践性思政教育有助于培养学生的实际问题解决能力。在社会实践活动中,学生需要将所学的理论知识运用到实际问题的解决过程中。通过参与实践活动,学生可以锻炼自己的组织协调、沟通交流、判断决策等能力,为将来在社会中担任各种角色做好准备。

实践性思政教育有助于加深学生对理论知识的理解和认识。在实际问题解决过程中,学生需要不断地反思和总结,从而更好地理解和掌握所学的理论知识。实践活动为学生提供了一个将理论与实际相结合的平台,有助于提高学生的理论水平和实际操作能力。在社会实践活动中,学生需要发挥自己的主观能动性,积极探索和创新,以解决实际问题。通过参与实践活动,学生可以更好地了解社会现实,关注民生问题,培养自己的社会责任感。在实践过程中,学生能在具体问题的解决中体现出自己的道德担当,成长为具有社会责任感的优秀公民。

(五)创新性

高校思政教育的创新性表现在适应时代发展的需要,积极探索教育内容、方法和手段的更新。在快速变化的时代背景下,思政教育需要与时俱进,满足学生的需求和期望,这样才能更好地完成教育任务。

随着社会的发展和变化,一些传统的思政教育内容可能已经不再符合时代的要求。因此,教师需要根据新的社会现象和问题,更新教育内容,以便更好地引导学生形成正确的世界观、人生观和价值观。这意味着教师需要关注时代发展的动态,紧密结合国家和民族的实际,调整和完善思政教育的内容体系。传统的教育方法可能无法满足现代学生的需求,特别是在信息技术飞速发展的背景下。因此,教师需要运用现代信息技术和教育手段,创新教学方法,提高教学效果。例如,可以采用多媒体教学、网络教学、案例分析、角色扮演等多种形式,激发学生的学习兴趣和参与热情。在思政教育过程中,教师需要关注学生的个性差异和需求,因材施教,创造性地运用各种教育手段,可以采用小组讨论、实践体验、辩论赛等形式授课,使学生在互动交流中提高思维能力和表达能力,加深对思政教育内容的理解和认识。

(六) 互动性

在高校思政教育过程中，教师应关注学生的主体地位，尊重学生的意见和建议。例如，开展座谈会、研讨会等活动，促使学生进行思考，培养他们的批判性思维和创新能力。通过与学生的互动交流，教师可以更好地了解学生的思想状况、认知水平和需求，从而有针对性地调整教育内容和方法，提高教育质量。教师应当关注学生的心理健康，关爱学生的成长，与学生建立良好的师生关系。在与学生的日常互动中，教师可以及时发现学生的困惑和问题，给予指导和帮助，促使学生在思政教育过程中取得更好的成果。教师应当鼓励学生在课堂、实践活动和课外活动中积极发表观点、参与讨论，倾听他人的意见，培养他们的团队协作和沟通能力。

在实际教学过程中，教师还可以运用现代信息技术，如网络论坛、微信群等平台，扩大教育的互动范围，提高教育的互动性。利用这些平台，教师可以随时了解学生的反馈情况，及时调整教育策略，更好地满足学生的需求。

第二节　高校思政教育的理念与内容

一、高校思政教育的理念

一般情况下，在研究思政教育的过程中，往往将人的思想、观点和立场的转变以及世界观、人生观和价值观的形成规律作为重点。这些研究重点有助于揭示人在不同社会环境和历史背景下思想行为的发展和演变过程，从而为实施有效的思政教育提供理论依据。研究人的思想、观点和立场的转变，意味着关注人在接受思政教育的过程中，如何从原有的认知、信仰和价值观念转变为新的、更符合时代要求的认知、信仰和价值观念。分析这一转变过程中的心理和社会因素，可以为教师提供引导学生形成正确思想观念的启示。研究世界观、人生观和价值观的形成规律，则需要关注人在成长过程中，如何在与社会、文化、家庭等多种因素的互动中，逐步建立起自己对生活、社会和世界的认识和评价。这一研究方向旨在揭示人们在特定历史条件下如何形成对世界的看法，从而为教师提供塑造学生正确世界观、人生观和价值观的策略。

新时期中国的政治、经济、文化正发生着重大的转变，这使得高校思政教育面临着前所未有的挑战。为了适应这些变化，高校思政教育需要更新理念、创新方法，以培养出适应新时代要求的具有全面素质的人才。

思政教育理念作为教育实践的基石，对于教育活动的开展具有重要的指导和启示作用。它是在长期的教育实践中，通过对教育活动进行深入探究和反思而形成的。在这个过程中，教育主体不断地认识和理解思政教育的本质、规律和价值，为教育活动提供有益的方向。作为一种理念，它关注教育的目的、任务和价值，为教育实践提供方向性的指引。在思政教育中，理念关注的是如何培养具有正确世界观、人生观和价值观的人才，以促进社会的和谐发展和个人的全面成长。教育是一种实践活动，而思政教育理念正是在实践中不断积累和完善的。这种实践性使得教育理念具有较强的适应性和针对性，能够更好地满足不同时代、不同环境下的教育需求。教育活动是有规律可循的，而思政教育理念正是对这些规律的抽象和总结。教育理念有助于揭示教育活动的内在规律，为教育实践提供科学依据。教育活动关注的核心是人的成长和发展，而思政教育理念正是在关注人的基础上，对教育活动进行思考和反思。这种人本性使得教育理念更加注重培养学生的主体性、独立性和创造性，以促进个人的全面发展。高校思政教育理念在实践中不断创新，在创新中不断发展，这种创新与发展主要来源于先进的思想和理论及对现实问题的尊重与深入反思。

高校思政教育的理念如图 2-2 所示。

"德育为先"的教育理念

"以人为本"的教育理念　　　　　　　　开放式的教育理念

图 2-2　高校思政教育的理念

(一)"以人为本"的教育理念

高校思政教育"以人为本"的教育理念,是在教育实践中逐渐形成的一种人文关怀和尊重个体差异的价值取向。这一理念强调,在教育过程中,教师应关注学生的内在需求、兴趣和发展潜力,尊重学生的主体性,应发挥学生的积极性和创造性,以实现个人全面发展为最终目标。

1. "以人为本"的理念凸显了教育活动的人文关怀

在高校思政教育中,教师的角色十分关键。教师不仅要教授学生知识,更要关注学生的个性化发展和全面成长。教师需要充分尊重学生的个性和特长,因为每个学生都是独一无二的个体,具有各自的特点。而教育的本质就是尊重学生个体的差异,激发个体的潜力,帮助他们找到自己的方向,实现自我价值。教师应该关注学生的意愿和选择,尊重他们的自主权,但这并不意味着放任学生不管,而是应通过引导和激励,帮助学生建立正确的价值观和人生观,形成良好的行为习惯和人格品质。

2. "以人为本"的理念强调教育的个性化和差异化

教师应该了解学生的兴趣爱好、特长和不足,根据这些特点采用个性化的教育方法,帮助学生发现自己的潜能,激发他们的学习热情。只有这样,学生才会更加珍视自己的特长和价值,从而更加积极地投入学习。教师要关注学生的心理需求,通过引导和倾听,帮助他们建立正确的价值观和人生观，解决心理困扰。这有助于培养学生的健康人格，提高他们的心理素质和适应能力。同时，教师应采用多种教学手段，如案例分析、小组讨论、互动体验等，帮助学生在实践中学习思政知识，培养他们的团队协作能力和创新思维。

3. "以人为本"的理念突出了教育的发展导向

在高等教育的环境中，思政教育的目标不应仅仅局限在传授知识和规范行为上，而应更多地关注培养学生的创新精神、批判性思维和问题解决能力，以使学生适应社会发展的需求。

教师应该鼓励学生积极思考，挑战既定观念，勇于探索未知。例如，引导学生研究社会现象，提出新颖的观点和解决方案，以此锻炼他们的创新能力；或者在教学过程中展示创新的重要性，鼓励学生创新。

教师应该告诉学生如何理性地分析问题，进行逻辑推理，避免盲从和偏见。这包括学习识别和评估论据、判断信息的真实性和可靠性、理解复杂问题的多元性和复杂性等。批判性思维的训练有助于提高学生的独立思考能力。

教师应该引导学生运用他们所学知识和技能去解决实际问题。这意味着学生需要学会分析问题，提出解决方案，评估解决方案的可行性和效果。在这个过程中，学生不仅可以锻炼自己的问题解决能力，也可以提高实践能力。

4. "以人为本"的理念要求教育的整体性和协同性

在高校思政教育中，应实现教育资源的整合，打破学科壁垒，促进学科交叉和融合，形成以学生为中心的教育生态。第一，实现教育资源的整合，打破传统的学科壁垒，充分利用各类教育资源，形成共享的教育资源体系。例如，可以通过学校内部的资源共享，实现教师力量、教材资源、学科研究等方面的共享，以提高教育效率，满足不同学生的学习需求；也可以借助现代信息技术，如互联网、大数据等，实现学校之间、地区之间的教育资源共享，以提升教育服务的覆盖率和质量。第二，促进学科交叉和融合，这是适应现代社会发展需求的必然趋势。随着社会的发展，各学科之间的界限逐渐模糊，学科交叉融合的现象越来越普遍。在思政教育中，教师也应积极借鉴和引入其他学科的理论和方法，形成跨学科的教育模式，以实现教育的深度和广度的提升。第三，构建以学生为中心的教育生态，这是现代教育的核心理念。在这种教育生态中，学生是学习的主体，教师是学习的引导者，教育的目标是促进学生的全面发展。为实现这一目标，应合理整合教育资源，推动学科交叉融合，提供全面、多元的教育，以实现学生个人素质的全面提升。

（二）"德育为先"的教育理念

高校思政教育"德育为先"的教育理念，是将道德教育视为教育活动的重中之重，强调培养更多高素质人才。在当今社会，随着科技、经济、文化的快速发展，人们越来越重视知识、技能和创新能力的培养，高校作为培养高素质人才的摇篮，必须将德育置于首位，努力培养德智体美劳全面发展的优秀人才。

1. 强调道德品质的培养

道德品质是一个人行为准则和精神风貌的体现，是人的品格、素质和精神风貌的综合。高校应注重学生道德品质的培养，教育学生遵守社会公德、职业道德和家庭道德，树立正确的道德观念，培养廉洁自律、诚信友善、敬业奉献的品质。德育为先的教育理念强调，道德品质的培养应贯穿教育的全过程，将道德教育与知识教育、能力培养相结合，形成全面的人才培养体系。

2. 树立正确的世界观、人生观和价值观

高校应着力培养学生树立正确的世界观、人生观和价值观，引导学生关注社会、国家和人类发展的重大问题，帮助学生形成以人为中心的观念，培养具有广泛国际视野和时代担当的人才。

3. 构建德育为本的课程体系

高校应构建以德育为本的课程体系，将德育融入各门课程中，使学生在学习专业知识的过程中养成良好的道德品质。除此之外，高校应开设具有德育内涵的课程，如思想道德、品德塑造、公民素质教育等，帮助学生增强社会责任感、个人品德修养和社交能力，从而全面提升学生的综合素质和人文素养。

（三）开放式的教育理念

开放式的教育理念强调包容性、创新性、协作性和自主性，着重培养具有独立思考能力、批判性思维、创新能力和团队协作精神的人才。这种理念迎合了现代教育的发展趋势，适应了当今社会对人才培养的多元化需求。在此背景下，高校思政教育应以开放式的教育理念为指导，推动教育改革和发展。

1. 倡导包容性

开放式教育理念强调包容性，即在教育过程中充分尊重学生的个体差异、学习需求和成长路径，关注学生的情感体验和心理需求。在思政教育中，高校应充分认识学生的多元性，因材施教，关注每个学生的成长。高校的课程设置、教学方法和评价体系也应体现出开放和包容的精神。课程设置应涵盖广泛的领域，满足学生的多元化学习需求。教学方法应灵活多样，引导学生主动探索，激发学生的学习兴趣和创新精神。评价体系应以学生的全面发展为目标，既考核学生的知识掌握程度，也考查学生的能力和素质。

2. 培养创新性

开放式教育理念注重培养学生的创新能力，高校思政教育应积极探索创新教育方式，激发学生的创新思维。具体来说，教师可采用情境教学、项目式学习、翻转课堂等多元化的教学方式，激发学生的学习兴趣，促进学生主动思考、积极探索。高校还应将创新教育贯穿于课程设置、教学内容和实践环节,培养具有创新精神和创新能力的人才。

3. 强化协作性

开放式教育理念重视协作性,强调在教育过程中培养学生的团队协作精神和沟通能力。高校思政教育应充分利用课堂、实践和社团等多种途径,开展团队协作项目,鼓励学生通过协同合作解决问题,培养学生的沟通技巧,帮助学生建立良好的人际关系,形成合作共赢的价值观。

4. 促进自主性

开放式教育理念提倡自主性,即在教育过程中尊重学生的主体地位,培养学生的自主学习能力与自主发展能力。高校思政教育应关注学生的个性化需求,引导学生根据自身兴趣、特长和发展目标制订个性化的学习计划,激发学生的内在动力。教师应采用启发式教学方法,培养学生的独立思考能力和批判性思维,帮助学生形成自主的学习方法和策略。

二、高校思政教育的内容

(一)高校思政教育的基本内容

高校思政教育的基本内容是指社会的基本要求、做人的基本品质,它涉及生活的各个方面,贯穿一个人的一生,具有基础性、广泛性和持久性等特征。其主要内容如下。

1. 以爱国主义为核心的政治道德教育

在中国古代文化中,集体主义一直受到极高的重视。统治阶层不断地强调民众对国家、民族和社会的忠诚和责任,使之成为中华民族精神的核心。这种爱国主义精神在传统美德中的"大义"和"大节"中得以体现,彰显出中华民族强大的凝聚力和向心力,为民族的持续发展提供源源不断的动力。因此,在继承和发扬中华优秀传统文化的过程中,传承并弘扬爱国主义精神成了加强传统美德教育的核心要义。

大学生代表了国家与民族的未来，他们的爱国情感对社会进步和发展，以及国家和民族的命运具有直接影响。因此，有必要加强爱国主义教育，提高大学生的民族自豪感、尊严、自信和自强意识，激发他们的爱国热忱和报效国家的决心，让他们为中华民族伟大复兴贡献力量。

2. 以"仁"为核心的社会道德教育

"仁"是儒家思想的核心理念，它是指人与人之间的关爱、宽容和谦逊。"仁"的内涵丰富多样，它既是人际关系中的互相关心和关爱，也是人在社会中承担责任和义务的体现。"仁"的实践是以对人的关爱为本质，强调社会公德和个人品行，倡导人与人之间的和谐共处。

在当前社会环境下，以"仁"为核心的社会道德教育在高校思政教育中尤为重要。当代大学生正值人生观、价值观形成的关键时期，他们需要在道德教育中培养出对社会的责任感和敬畏之心。"仁"的教育能够帮助他们认识到个人的幸福与社会的和谐息息相关，每个人都应以关爱他人、尊重他人为己任。通过"仁"的教育，学生能够在道德层面上建立正确的人生观和价值观，从而更好地适应社会，为国家和民族的发展做出贡献。

在高校思政教育中，注重以"仁"为核心的社会道德教育，可以给学生在校园内外营造一个和谐、包容、尊重他人的氛围。这种氛围有助于培养学生的团结协作精神，使其增进彼此间的理解与信任，形成良好的人际关系。通过"仁"的实践，学生将更加重视对家庭、社会和国家的责任，为自己的所作所为负责，积极践行社会主义核心价值观。

3. 以"五常"为核心的人伦道德教育

"五常"，即仁、义、礼、智、信，是儒家伦理道德的基本内容，旨在规范人们在家庭、社会和国家等不同层次的关系中应遵循的伦理准则。"五常"道德教育对于引导大学生形成正确的人生观、价值观和道德观具有重要意义。

仁，是"五常"的首位，代表着一种关爱和同情心。在高校思政教育中，强调仁的重要性，有助于培养学生关心他人、关爱社会的情怀。学生在学习、生活和工作中，都应尽量做到关心他人、助人为乐，为构建和谐社会贡献力量。

义，是"五常"中的道义观念，指的是对正义和公平的追求。在高校思政教育中，强调义的重要性，有助于帮助学生在面对复杂的社会现象时，能够坚守正义和公平的底线，敢于担当，敢于维护公共利益。

礼，是"五常"中的规范性原则，涉及礼仪、法治和道德规范。在高校思政教育中，强调礼的重要性，有助于培养学生遵纪守法、尊重他人、关爱社会的品质。

智，是"五常"中的智慧和知识，代表着人们在解决问题时运用智慧的能力。在高校思政教育中，强调智的重要性，旨在培养学生具备独立思考、判断和解决问题的能力。通过对智的培养，学生能够更好地应对复杂多变的社会环境，为国家和民族的发展贡献智慧。

信，是"五常"中的诚信观念，指的是对自己、对他人、对社会的诚实守信。在高校思政教育中，强调信的重要性，有助于培养学生树立诚信为本的道德品质。诚信是人际交往的基石，是个人品质的重要体现。学生应在学习、生活和工作中恪守诚信原则，为自己的言行负责，认真对待自己和他人。

在高校思政教育中，深入传播"五常"道德观念，有助于培养具备良好道德品质和社会责任感的学生，为实现中华民族伟大复兴的中国梦做出贡献。同时，通过对"五常"的学习和实践，学生可以更好地理解中华优秀传统文化的精髓，增强民族自豪感和认同感，激发强烈的家国情怀。

（二）高校思政教育的主导内容

1. 大学生"三观"教育

"三观"教育涵盖世界观、人生观和价值观的培养。作为人生行为和取向的三大精神要素，或者说作为人生的三大精神驱动力，"三观"对于个体的成长和发展具有至关重要的作用。大学生正处于世界观、人生观和价值观形成的关键阶段。因此，在高校思政教育中，协助他们确立崇高的理想信念，建立正确的世界观、人生观和价值观显得尤为重要。

（1）世界观教育。大学生世界观教育旨在帮助大学生建立正确的世界观，以便更好地理解世界的多样性、发展规律和人类在其中所扮演的角色。高校思政教育旨在引导大学生逐步形成对世界和社会的深刻认识，从而为未来的生活和事业提供坚实的精神支柱。

在世界观教育中，教师需要关注大学生对国际事务和全球化的认识。随着科技进步和信息传播的加速，世界各国之间的联系日益紧密，国际事务的影响范围也越来越广泛。因此，教师应当引导大学生关注全球性问题，如气候变化、贫富差距、文化冲突等，帮助他们认识这些问题对个人和社会的影响。要关注大学生对国家和民族的认识。一个正确的世界观应当包含对自身民族文化的尊重和传承。通过学习和理解民族历史、文化、传统等方面的知识，大学生能够更好地认识自己在国家和民族中的位置，为民族繁荣发展贡献力量。要着重培养大学生的历史观。正确的历史观是健全世界观的重要组成部分。通过学习世界历史和人类文明发展史，大学生可以更加深刻地理解世界发展的演变过程，从而更好地把握时代的脉络。

（2）人生观教育。大学生人生观教育旨在帮助大学生树立正确的人生观，从而引导他们明确人生目标和价值取向。人生观教育需要帮助大学生建立正确的价值观，一个健全的价值观是人生观教育的核心部分。教师应引导大学生明确个人价值，关注社会和他人，从而形成以人为本、注重共同发展的价值观。教师还应强调道德伦理在人生观中的重要地位，使大学生在面对生活中的道德抉择时能够做出明智的决定，同时引导大学生学会尊重、理解和关爱他人，培养与人沟通、协作的能力。这不仅有助于他们更好地适应和融入社会，还能为他们创造更美好的人生。

（3）价值观教育。大学生价值观教育是高校思政教育的核心内容之一，其主要目的在于帮助大学生确立正确的价值取向和价值观念，从而引导他们在个人成长和社会贡献方面取得更好的成绩。

大学生价值观教育要强调正确的道德价值观，道德价值观即个体对于善恶、对错、美丑等方面的评价标准。对于高校来说，价值观教育可以从以下方面入手：①要引导大学生明确道德价值观的重要性，让他们认识到遵循社会公德、诚实守信、尊重他人等基本道德原则的重要性。只有具备正确的道德价值观，大学生才能在人际交往、学术研究、职业发展等方面做出正确的判断和选择。②要培养强烈的社会责任感，作为新时代的中坚力量，大学生应该树立为国家和民族的发展做出贡献的信念。教师要帮助大学生树立正确的人生目标，激发他们为社会的和谐、进步和繁荣贡献自己的力量的意识。只有具备强烈的社会责任感，大学生才能在面临社会问题和挑战时做出有益的贡献。③要关注个人成长与发展，教师应该引导大学生在追求个人价值实现的过程中充分发挥自己的潜能和特长，塑造多元化的人格特质。通过关注个人成长与发展，大学生能够更好地实现自我价值，同时为社会的繁荣与进步做出贡献。④要注重家国情怀的培养，在全球化背景下，培养具有国际视野和家国情怀的人才显得尤为重要。教师应该引导大学生关注国家和民族的发展，传承中华优秀文化传统，增强民族认同感和文化自信，激励大学生在面对全球化带来的机遇和挑战时，始终坚定立足于中华民族的立场，为实现中华民族伟大复兴而努力奋斗。

2. 大学生生命观教育

（1）生命观的内涵。生命观，即人们对生命的总的认识或看法，生命是死和生相互交织在一起的网格，任何一方的缺失都会造成生命的不完整。对于大学生来说，准确理解"生"与"死"，对于他们正确看待生命、热爱生命有积极的意义。

生命观不是人们对人的生命的单纯看法，它综合了人们对人和社会的共同认识。它是一种社会性观念，社会政治、经济发展状况决定人们生命观的走向，决定生命发展的价值取向。更加准确地说，生命观是构建在人们物质生活基础之上的意识形态，会对社会政治、经济、文化的发展产生重要影响。

（2）生命观教育的意义。生命观是人们对生命的本质、价值和意义的认识和理解，它是指导人们如何看待和尊重生命、如何珍爱生命、如何维护生命的精神导向。

第一，生命观教育有助于大学生形成正确的价值观。生命观是价值观的重要组成部分，它涉及人与自然、人与人、人与社会的关系。通过生命观教育，大学生可以认识到生命的珍贵，从而在个人成长过程中更加重视自己和他人的生命安全，培养良好的道德品质，实现人的全面发展。

第二，生命观教育有助于大学生树立正确的人生观。人生观是人们对人生目的、价值和意义的看法，是指导人生行为和选择的观念。通过生命观教育，大学生能够明确人生的目标和方向，珍惜生命、尊重生命，追求健康、有意义的人生，使个人成就与社会责任相结合，为国家和民族的发展贡献力量。

第三，生命观教育有助于大学生培养健康的心理素质。面对高度竞争的社会环境，大学生可能会承受巨大的压力。生命观教育能够帮助他们看到生命的价值和意义，从而更好地应对压力、调整心态，保持乐观积极的生活态度，促进心理健康。

第四，生命观教育有助于大学生形成正确的生态观。生命观教育强调人与自然的和谐共生，有助于大学生认识到人类与自然环境密切相关，进而形成尊重自然、保护环境、绿色发展的生态观。这有助于培养大学生的生态文明意识，使其为实现生态环境可持续发展做出贡献。

3. 大学生心理健康教育

（1）心理健康。《简明不列颠百科全书》中对心理健康这个条目是这样界定的："心理健康是指在客观环境允许的状况下一个人的心理健康状况所能够达到的最佳状态，当然不是指绝对的最佳状态，是相对而言最好的状态。"心理健康是心理卫生的有效反映。在外部环境下是个体的心理发展动态，如挫折适应能力、人格健全发展等能够持续达到健康或良好状态的一种心理态势；在内部条件下是个体的自我认知、自我体验、自我控制能与外部环境之间保持和谐稳定。也就是说，心理健康是个体在内外部环境下面对复杂问题时所达到的一种积极心理态势。

（2）心理健康教育。心理健康教育是当今教育领域的重要组成部分，它的目标是促进个体的心理健康，提高其心理素质，以及增进其心理福祉。这个目标并不仅仅是帮助个体避免心理疾病或者困扰，更重要的是提升个体的生活质量，帮助他们更好地应对生活中的各种压力和挑战。

心理健康教育关注个体的全面发展，旨在帮助个体建立和保持健康的心理认知、情感、意志和行为。这包括培养正确认知自我、他人和环境的能力，培养处理复杂情绪和压力的能力，培养坚韧的意志力和积极面对生活的态度，以及培养健康、负责任和有益于社会的行为习惯。

心理健康教育的实施途径和方法多种多样，包括课堂教学、个别咨询、小组讨论、心理健康宣讲、心理活动指导等。这些方法旨在提供一个支持性、包容性和积极的环境，帮助个体了解和接纳自己，发展和运用有效的应对策略，以及建立和维护健康的人际关系。心理健康教育也有利于促进社会的和谐发展，因为一个拥有健康心理的个体，能够更好地适应社会，更积极地参与社会活动，对社会的贡献也会更大。

（3）大学生心理健康教育。大学生心理健康教育是针对大学生这一特殊群体进行的心理健康教育活动。其内涵丰富多样，关注大学生心理健康的全方位发展，旨在帮助大学生建立健康的心理认知、情感、意志和行为，使其在面对学习、生活、人际交往和未来职业发展等方面的挑战时能够保持良好的心理状态，实现个人和社会的和谐发展。

大学生心理健康教育关注认知发展，重视培养大学生的心理素质和认知能力。通过心理健康教育，大学生能够树立正确的世界观、人生观和价值观，培养健康的思维方式，提升解决问题、处理人际关系和适应环境的能力。

大学生心理健康教育强调情感调适，旨在帮助大学生认识、表达和调整自己的情感，培养良好的情绪管理能力。通过心理健康教育，大学生能够学会在面对挫折、压力和困境时保持积极乐观的心态，培养心灵的韧性。

大学生心理健康教育注重意志品质的培养，重点培育大学生具备坚定的意志力和自我调节能力。通过心理健康教育，大学生能够树立远大理想和目标，培养自律、自控、自我激励的能力，以应对生活中的各种挑战。

4. 大学生人文教育

（1）人文教育的内涵。人文教育通过学习和研究人类文明成果、价值观念、文化传统等领域的知识，培养人的道德、审美、情感、精神及人际交往能力等综合素质的教育。人文教育主要包括以下几个方面。

第一，人文知识。人文教育涉及文学、历史、哲学、艺术等广泛的学科领域，关注人类社会的文化传统和精神遗产。学习人文知识，有助于培养学生的历史意识、文化自觉和国家认同感，使他们对人类文明有更全面、深刻的了解。

第二，价值观念。人文教育重视培养学生正确的世界观、人生观和价值观，引导他们在思想道德上实现自我提升。通过人文教育，学生可以学会尊重他人、关爱自然、追求真善美、积极担当，形成健康、积极的价值观念。

第三，思维能力。人文教育注重培养学生的批判性思维、创新意识和独立思考能力，使他们能够运用人文知识分析问题、解决问题。人文教育鼓励开放、多元的思维方式，有助于培养学生的国际视野和跨文化沟通能力。

第四，情感教育。人文教育关注学生的情感、审美和道德发展，强调人的内心世界和精神追求。通过人文教育，学生可以培养良好的情感品质，形成健康的人际关系，提高自身的道德修养。

第五，人际交往。人文教育强调人与人之间的沟通与交流，重视培养学生的团队协作能力、沟通技巧和人际关系处理能力。通过人文教育，学生能够更好地融入社会，建立和谐的人际关系。

（2）大学生人文教育的作用。

第一，提升人文素养。人文教育是高等教育的核心组成部分，着重培养学生的综合素质，而不仅仅是职业技能。它强调的是人的价值、尊严和自由，以及人们如何理解自己和他人，如何理解生活和世界。

人文教育让大学生在获取专业知识的同时，有机会了解人类社会的发展历程、文化传统和精神遗产。这不仅可以丰富学生的知识面，提升他们的人文素养，更能够拓宽他们的视野，使他们更好地理解和欣赏不同的文化和价值观，培养他们的批判性思维和创新精神。

第二，塑造世界观、人生观和价值观。具体来说，人文教育强调对人类历史和文化的研究，使学生能够在了解人类历史发展和文化传承的过程中形成正确的世界观。这种世界观不仅包括对自然和社会规律的理解，也包括对人与自然、人与社会、人与自己关系的认识。在这个过程中，学生能够学会尊重和理解多元文化，养成包容、理性和公正的思维习惯。人文教育关注个体的内在成长和自我实现，旨在帮助学生形成正确的人生观。在人文教育的过程中，学生可以学习到各种人生哲理，了解不同的生活方式和价值选择，进而明确自己的生活目标，坚定自己的人生信念，实现人生的意义和价值。人文教育对真、善、美等价值观进行传播和引导，有助于学生形成健康、积极的价值观。在人文教育中，学生可以接触到丰富多样的文化资源，体验和理解各种道德和审美价值，从而学会尊重他人、关爱自然。

第三，培养创新能力。在人文教育的引导下，学生可以学会运用所学的人文知识和方法，从多角度、多层次分析问题，提出有深度、有独创性的观点和解决方案。人文教育鼓励开放和多元的思维方式，可促进学生的思想交流，使学生在思想碰撞中锻炼自己的思维能力，增强自己的逻辑分析能力和语言表达能力。并且，人文教育的开放性和包容性使学生能够接纳不同的思想和观点，理解和尊重文化差异，从而具有国际视野和跨文化沟通能力。

第四，增强道德修养。人文教育关注学生的情感、审美和道德发展，强调人的内心世界和精神追求。通过人文教育，大学生能够更好地理解和体验生活中的情感纷繁、美的意象与道德价值。人文教育强调尊重个体、关爱他人、诚信守法等价值观，有助于大学生在道德品质上实现全面发展。

第五，提升交际能力。人文教育关注学生的沟通与表达能力。通过对文学、艺术、哲学等领域的学习，大学生能够更好地理解人类情感、思想、行为的多样性，从而更有效地与他人进行交流与合作。人文教育有助于培养学生的团队协作精神和领导才能，可为其未来的社会生活和职业发展奠定坚实基础。

第六，增进文化认同感。人文教育在高等教育中的价值不仅仅在于它的知识性，更重要的是它所培养的学生对自身文化乃至世界多元文化的理解与尊重。通过学习本民族的历史、文化、哲学等，大学生可以深入了解自身文化的丰富性和多样性，从而产生对民族文化的自豪感。这种对自身文化的认知和自豪感，可以帮助他们在全球化的背景下，保持对本民族文化的坚守和传承。人文教育也引导学生开放性地认识和欣赏世界各民族的文化遗产，理解不同文化背景下的价值观和生活方式，从而培养他们对人类文化多样性的尊重和欣赏。这种对文化包容性和多元性的认同，有助于学生在跨文化交流和合作中积极寻求共识。这样的文化认同感和尊重，不仅能够增强大学生的民族凝聚力，提高他们的文化自信心，也使他们在面对全球化的挑战时，能够从中积极寻找机遇。

第七，提高审美能力。这一方面体现在对艺术、文学等领域知识的学习，使学生能够理解和欣赏各类艺术作品的内在精神和形式美感；另一方面，审美教育包括培养学生的审美观念和审美情感，使他们能够在日常生活中发现美、感受美、创造美。通过对艺术和文学的学习，大学生可以接触到人类社会中各种不同的审美理念和艺术形式，从而拓宽自身的视野，培养自己独特的审美眼光和品位。审美教育也强调情感的培养和情感的表达。通过对美的感知和体验，大学生可以学会如何表达自己的情感，如何理解和尊重他人的情感，这对于他们提高人际交往能力有着重要的促进作用。

第八，塑造全面发展的人格。人文教育通过传递人类的文化遗产和智慧，帮助大学生理解人类社会的发展历程和价值观念，并以此为基础，引导他们形成正确的世界观、人生观和价值观。人文教育通过对文学、哲学、艺术等领域的学习，培养学生的审美观念和审美情感，丰富他们的精神世界，引导他们通过对人文知识的学习，更好地认识自我并理解自己的

第二章 高校思政教育概述

价值。这一过程有助于学生实现自我成长,形成健康、完善的人格。

第三节 高校思政教育的方法创新

一、高校思政教育方法创新的原则

在对高校思政教育方法进行创新时,应当坚持以下五个原则,如图 2-3 所示。

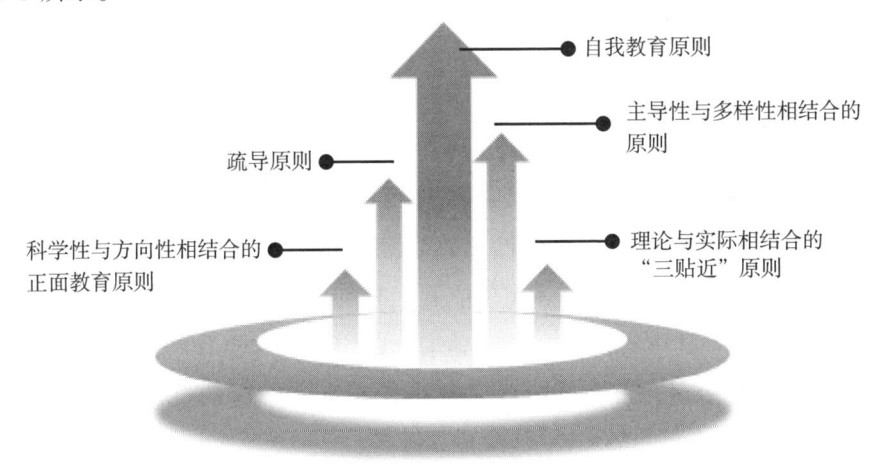

图 2-3 高校思政教育方法创新的五大原则

(一)科学性与方向性相结合的正面教育原则

1. 科学性原则

在高校思政教育中,科学性原则是确保教育活动有效进行的关键因素。这一原则要求教师在教学过程中全面了解和分析学生的发展规律、心理特点和实际需要,进而制定合适的教育目标、内容、方法和评价标准。这样做可以提高教育的针对性和实效性，有助于培养学生全面发展的能力。

教师应关注学生的发展规律。每个学生在成长过程中都有自己的发展规律，包括知识吸收的速度、兴趣爱好的变化以及心理发展的阶段等方面。了解这些规律对于教师来说至关重要，因为这有助于他们为学生提供更为合适的教育资源和教学方式。

教师应关注学生的心理特点。每个学生都有自己独特的心理特点，这些特点会影响他们对教育内容的接受程度和方式。教师应在教学过程中充分了解学生的心理特点，制定符合学生需求的教学策略，从而提高教育效果。

教师应关注学生的实际需要。在高校思政教育中，教师要关注学生在学术、职业和生活等方面的需求，有针对性地提供相应的指导和帮助。这意味着教师应以学生为中心，关注他们在实际生活中遇到的问题，提高他们运用政治理论知识解决实际问题的能力。

2. 方向性原则

在高校思政教育中，方向性原则强调教师应明确教育目标，引导学生树立正确的世界观、人生观和价值观。教师要遵循国家的教育政策和方针，传播社会主义核心价值观，引导学生坚定信仰和道德观念，同时要关注学生的个性发展，尊重学生的主体地位，激发学生的自主学习和思考能力。

坚持马克思主义指导的方向性原则是思政教育的灵魂。思政教育自身的特殊性决定它必须坚持马克思主义指导，必须坚持社会主义方向，体现社会主义意识形态的主导，旗帜鲜明地批判和抵制各种错误思潮。思政教育领域是宣传马克思主义的阵地，绝不是杂乱思想的自由论坛，必须坚持正确的方向。

思政教育的科学性和方向性具有辩证的统一性。没有科学性，就谈不上正确的方向性；没有正确的方向性，也就失去了科学性，要坚持科学性与方向性有机结合的原则。

第一，以正面引导和说服教育为主，强调在教育的过程中坚持马克思主义理论的学习和运用，同时坚持根据思政教育的自身规律进行正面的引导，促使学生积极主动地克服消极因素，发扬积极因素。

第二，在内容方面突出社会主义主旋律的教育，即爱国主义、集体主义、社会主义的教育。一切思政教育过程都必须尊重学生的主观能动性，引导学生学习和运用马克思主义，提升世界观的水平。

第三，在思政教育工作中，充分肯定学生的优点和成绩，以正面鼓励为主，这样能激发学生的自信心，有利于其思想的转化和提升。这本身就遵循了实事求是的科学态度，充分调动了人的主观能动性，体现了思政教育自身的规律。

（二）理论与实际相结合的"三贴近"原则

理论与实际相结合的"三贴近"原则是指贴近学生的实际需求、贴近社会的实际问题和贴近时代的发展要求。这一原则旨在使教育活动更加贴合实际，增强教育的针对性和实效性，从而培养出具备正确的价值观和道德观的能够为国家和社会发展做出贡献的高素质人才。

贴近学生的实际需求意味着教师要从学生的角度出发，充分了解他们的需求和困惑，然后以此为基础设计教育内容和方法。这一做法有助于提高教育的实效性，使学生在思政教育过程中有更多的收获，从而提升他们的思想觉悟和能力素质。

首先，为了贴近学生的实际需求，教师要关注学生的心理特点。了解学生的心理特点有助于教师找到更适合学生的教育方式，使教育活动更具吸引力和针对性。第一，要关注学生的兴趣爱好。兴趣是最好的老师，充分了解学生的兴趣爱好有助于激发学生的学习热情，提高教育效果。因此，在设计教育内容和方法时，教师应尽量增加教育活动的趣味性和实用性。第二，要关注学生的发展规律。高校学生正处于人生发展的关键阶段，他们的认知、情感和行为等方面都在不断发展和变化。教师应密切关注这些变化，以便更好地调整教育策略，使教育内容和方法与学生的发展需求保持一致。其次，在贴近学生实际需求的基础上，教师可以采取多种教学策略。例如，采用情境教学法，让学生在模拟的实际环境中学习和体验，培养学生的实际操作能力和应对问题的能力；利用现代信息技术手段，如网络、多媒体等，创造丰富多样的教育资源，为学生提供更加丰富的学习途径和体验等。

贴近社会的实际问题是指教师应将教育内容与社会现实紧密结合，关注社会热点问题和现实挑战。关注时事动态是了解国家和社会发展趋势的重要途径，通过关注时事动态，教师可以找到与教育内容相符合的社会问题，使教育活动更具针对性和实际意义。这不仅能帮助学生了解社会现象，还有助于培养他们关注国家和社会发展的习惯。第一，应关注社会热点问题。社会热点问题往往涉及国家和社会的核心利益，是人们普遍关注的焦点。将这些热点问题融入教育活动，有助于提高教育的吸引力和实用性，激发学生的学习兴趣。第二，应关注社会现实挑战。面对日益严峻的社会现实挑战，如环境问题、贫富差距、网络安全等，教师应引导学生积极思考解决问题的途径，使他们具备面对挑战的能力和勇气。这样的教育过程有助于培养学生的创新意识和实践能力，从而为他们未来的发展打下坚实基础。

在贴近时代发展要求方面，教师要具备前瞻性的思维。这意味着教师要紧密关注国家政策、科技创新、社会变革等领域的新动向，及时更新教育观念和内容，以适应时代的发展。这种前瞻性思维能够使教师站在时代的前沿，为学生提供较科学的知识体系，从而提高教育的质量和实效性。第一，要培养学生的创新精神。在快速发展的时代背景下，创新能力成为国家和社会发展的核心驱动力。因此，教师应激发学生的创新意识，教育他们敢于挑战权威、勇于突破传统、积极探索新知识。这种创新精神不仅能够帮助学生在学术和职业生涯中取得优异成绩，还能为国家和社会的发展做出重要贡献。第二，要关注学生的实践能力。在面对时代发展的挑战时，学生需要具备扎实的实践能力，以便将所学知识应用于实际工作中。

因此，教师应组织各种实践活动，如社会调查、实习实训、志愿服务等，培养学生解决实际问题的能力，使其积累实践经验。

（三）疏导原则

疏导原则主张教师关注学生的心理需求，采用轻松愉快、寓教于乐的方式进行教育，引导学生形成积极向上的心态，帮助他们解决心理困扰，增强自信心和心理承受能力。这一原则强调尊重学生的个性差异，关注学生的心理健康，可让思政教育更加贴近学生的内心世界。

为了贯彻疏导原则，教师需要具备一定的心理学知识和心理疏导技巧。在教学过程中，教师应充分了解学生的心理特点和需求，关注学生的情感波动，以此为基础制定合适的教育策略。通过心理疏导，教师能够帮助学生缓解心理压力，培养积极向上的心态。同时，创新教学方法非常重要，教学方法应当使教育活动更加生动有趣。例如，可以通过案例分析、角色扮演、情景模拟等教学手段，引导学生深入理解和体验思政教育的内涵。这种寓教于乐的方式能够激发学生的学习兴趣，使他们在轻松愉快的氛围中接受知识，从而提高教育的有效性。在教学过程中，教师可以鼓励学生积极讨论和交流，向其他学生分享自己的观点和感受。这种互动式的教学方式有助于学生建立良好的人际关系，增强团队协作能力，为未来的发展奠定基础。

（四）主导性与多样性相结合的原则

主导性原则强调教师在教育过程中扮演关键角色，明确教育目标和方向。为实现这一目标，教师需要具备深厚的政治理论修养，遵从国家教育政策和指导思想，传递社会主义核心价值观，引导学生确立正确的世界观、人生观和价值观。因此，教师应关注学生的心理特征和成长规律，制定科学合理的教育目标、内容、方法和评价体系。

多样性原则要求教师关注学生的个性差异，尊重学生的主体地位，为学生提供丰富多样的教育资源和方法。这意味着教师需要采用多种教学方式，如研讨、实践活动、网络教学等，以满足不同学生的学习需求。通过多样化的教育方法，学生能在轻松愉快的氛围中学习，激发学习兴趣，提高学习积极性。

（五）自我教育原则

自我教育更强调学生在教育过程中的主体地位，鼓励学生自主学习和思考。自我教育原则要求教师在指导学生的同时，能够激发学生的内在动力，帮助学生形成自我教育的习惯和能力，从而使学生在未来的学习和工作中不断提升自己。

第一，关注学生的主体地位。教师应尊重学生的个性差异和兴趣爱好，关注学生的心理特点和发展需求。在教育过程中，教师要鼓励学生提出问题、发表观点和展示自我，为学生提供充分的表达和实践机会，使他们在教育过程中充分发挥主观能动性。

第二，激发学生的内在动力。教师要激发学生的学习兴趣，培养学生的求知欲和探究精神。通过设置有趣的课题、提出启发性问题和组织各类实践活动，教师可以引导学生自主探索、思考和解决问题，使他们在学习过程中不断挖掘自己的潜力。

第三，培养学生的自我教育能力。教师要教会学生如何自主学习、思考和总结，培养他们独立解决问题的能力。教师可以通过讲授学习方法、组织自主研究和引导反思等方式，帮助学生养成自我教育的习惯。

二、高校思政教育方法创新的途径

（一）传承和改革传统思政教育方法，使其适应时代要求

一方面，传统教育方法在很大程度上依赖于经典理论的传授与师生互动等。这些方法在培养学生的思想觉悟、价值取向和道德品质方面具有一定的优势。因此，在传承和改革中，应继续重视这些方法的作用，努力提

第二章　高校思政教育概述

高它们的教育效果。

另一方面，为了适应时代要求，教师需要在传统方法的基础上，结合现代教育理念和技术手段，进行创新和改革。具体措施如下。

1. 引入现代教育技术

利用网络、多媒体等现代教育手段，使思政教育内容更加生动、形象，提高学生的学习兴趣和参与度。

2. 注重实践教学

将思政教育与实践活动相结合，让学生在实际操作中体验和领悟理论知识，增强思政教育的实效性。

3. 培养学生的自主学习能力

鼓励学生主动探索和独立思考，培养他们自主学习和解决问题的能力，使思政教育更具针对性和持久性。

4. 注重学生的个性发展

充分关注学生的个性差异，尊重学生的兴趣爱好，激发学生的内在动力，注重学生的个性发展。

5. 加强师生互动

鼓励师生之间进行深入交流和沟通，教师倾听学生的意见和建议，及时调整教育策略，使思政教育更具针对性和有效性。

（二）吸收借鉴相关学科及国外的先进方法，加以整合后为我所用

1. 吸收相关学科的理论和方法

高校思政教育可以从心理学、教育学、社会学等相关学科中汲取有益的理论和方法。例如，运用心理学的原理来分析学生的心理特点，制定更有效的教育策略；借鉴教育学中的教育模式和教学方法，提高教育质量；

结合社会学的研究成果，关注社会现象和问题，引导学生正确地看待社会问题。

2.借鉴国外的先进经验

学习国外在思政教育领域的成功经验，了解其在教育理念、教学方法和管理模式等方面的优势，可以为高校思政教育提供有益的借鉴。例如，学习国外思政教育中注重培养学生的批判性思维、创新能力和团队协作精神等方面的做法。

在借鉴相关学科和国外先进方法的基础上，还需要对这些方法进行整合和本土化处理，即结合我国的国情和文化特点，调整和改进这些方法，使其更适合我国高校思政教育的实际需求。这需要教师具备较高的教育素养和创新意识，以及对国内外教育现状的敏锐观察力。

（三）充分利用高科技手段推动思政教育方法科学化、现代化

1.利用网络技术拓展教学资源

可运用互联网平台，为学生提供丰富的学习资源，如创建和使用在线课程平台。在线课程平台可以为教师和学生提供一个便捷的教学环境：教师可以在平台上发布课程资料、视频讲座、作业任务等；学生可以在平台上随时随地学习，与教师和同学进行在线讨论、交流，提高学习效果。

高校思政教育的在线课程平台包括以下版块。

（1）课程资源库。教师可以上传与思政教育相关的电子教材、参考资料、案例分析等，方便学生在线查阅和下载。

（2）视频讲座。教师可以定期发布针对特定主题的视频讲座，让学生在线观看；可以邀请业内专家和学者进行在线讲座，分享他们的见解和经验。

（3）在线测试和评估。学生可以在平台上参加在线测试，检验自己的学习效果。教师根据学生的测试成绩，了解学生的学习进度和问题，及时进行教学调整和指导。

（4）讨论区。设立在线讨论区，鼓励学生就课程内容提出问题和观点，与教师和同学进行互动交流。

（5）作业提交与反馈。学生可以在平台上提交作业，教师在线批改作业并给予反馈意见。这有助于教师跟踪学生的学习进度，指导学生进行针对性的提升。

2.利用多媒体技术提升教学质量

教师合理地运用音频、视频、动画等多媒体手段，可以让思政教育内容更加生动、形象，极大地提高学生的学习兴趣和参与度。例如，可以制作与思政教育相关的音频讲解、短片和动画，帮助学生更好地理解抽象的概念和原理。多媒体手段也可以用于组织互动性较强的教学活动，如在线讨论、小组合作等，让学生在实践中提高自己的思考、沟通和协作能力。

3.利用大数据技术进行教育评估

通过收集和分析学生的学习数据，如成绩、学习进度、在线行为等，教师能够更加深入地了解学生的学习需求和困惑。这些数据反映了学生在思政教育过程中的实际表现，有助于教师及时发现学生的优点和不足，为下一步的教育提供有力依据。

基于大数据分析结果，教师可以对教育内容和方法进行优化。例如，通过对学生成绩和学习进度的分析，教师可以发现学生在哪些方面存在困难，有针对性地调整教学策略和辅导方法。教师可以根据学生的在线行为数据，了解他们对某些话题或资源的关注程度，以便调整课程内容，使之更符合学生的兴趣和需求；还可以根据每个学生的数据特点，制订个性化的辅导计划，帮助学生克服学习难题，提高思政教育的效果。总之，运用大数据分析，高校思政教育将进行得更加精准、高效，为学生提供更优质的教育服务。

4.利用人工智能技术提高教育智能化

运用人工智能技术开发智能教学系统，如智能辅导、智能测评等，可以有效地帮助学生进行自主学习，提高学习效率。例如，智能辅导系统能够根据学生的个性化需求，提供有针对性的学习建议和教学资源，使学生在学习过程中得到更好的指导；智能测评系统可以为学生提供及时、准确的学习反馈，有助于他们了解自己的掌握程度和进步方向。

人工智能技术还可以协助教师进行教学管理和研究。例如，教师可以利用人工智能技术对学生数据进行分析和挖掘，从而更加精确地评估教学效果，为进一步改进教学方法提供依据；或者利用人工智能技术处理烦琐的教学管理任务，如考试安排、成绩统计等，从而将更多的精力投入教学和研究工作中。

5.利用虚拟现实（VR）与增强现实（AR）技术提升教学体验

利用虚拟现实（VR）与增强现实（AR）技术为高校学生打造沉浸式的学习环境，能够让学生在思政教育中更好地体验和感受教育内容。这种教育方式将学生带入一个仿真的现实世界，使他们能够身临其境，从而更直观地理解抽象的政治理论知识。

沉浸式学习环境的设置不仅能增强学生学习的趣味性，还能提高他们的参与度。在这种环境下，学生能够通过与虚拟角色互动、参与虚拟事件等方式，更深入地感受教育内容，从而激发学习兴趣。VR与AR技术的应用还有助于培养学生的创新思维和实践能力，为他们在未来社会的发展打下坚实基础。

总之，充分利用高科技手段，能够推动思政教育方法的科学化、现代化发展，为提高高校思政教育质量和效果提供有力支持。

第三章
传统文化融入高校思政教育的基础

第三章　传统文化融入高校思政教育的基础

传统文化融入高校思政教育具有重大的现实意义和深远的历史意义，不仅可以促进高校思政教育的革新，而且可以提升思政教育的效果。在新时代，高校思政教育的重要性不断提升，传统文化中蕴含着许多优秀的伦理道德和教育思想，把传统文化运用在高校思政教育工作中，可以提高教育工作的成效，让教育活动更加丰富多彩。高校思政教育的宗旨是立德树人，即引导学生树立正确的世界观、人生观和价值观，陶冶学生情操，帮助学生提高思想境界。在全球文化交流频繁的背景下，国外文化大量涌入国内，学生只有树立正确的理想信念，才能够辨别优劣，抵御腐朽思想的侵袭，避免陷入错误思想织就的牢笼中。

中国传统文化包含许多正确的思想观点以及优秀的思想教育案例，其中内容与当今的核心价值体系是相通的，这些优秀传统文化可以为新时代的价值观提供新的文化积淀，赋予它们源源不断的发展动力。把这些文化内容融入高校思政教育活动，可以提高高校思政教育的效果，增强学生在思政课教学中的参与感。在这样的思政教育中，高校学生可以得到充分的文化浸润，文化修养也能在无形之中得到提升。

第一节　传统文化融入高校思政教育的必要性

一、探索思政教育新路径的必然选择

中国传统文化具有悠久的历史和深厚的底蕴，为人们提供了丰富的思想资源和教育智慧。将传统文化与现代教育相结合，可以为培养具有中国特色、中国风格、中国气派的新时代青年提供有力支撑。

（一）传统文化是中华民族的精神根脉，是民族历史的积淀和集体记忆

几千年来，中华民族在漫长的历史进程中，创造了灿烂的文明成果。这些文明成果在很大程度上塑造了民族的精神风貌和价值观念，形成了独特的民族文化。将传统文化融入高校思政教育，有助于激发学生对民族历史和文化的热爱，增强他们的民族自豪感；有助于培养学生的民族自尊心和自信心，使他们在全球化背景下始终保持对中华优秀传统文化的敬仰和自豪。传统文化与现代教育相结合，可以为思政教育提供新的理论支撑和教育方法。例如，对传统文化中的道德观念、家国情怀、礼仪传统等方面进行挖掘和研究，可以开发出更加贴近学生心理需求、具有中国特色的思政教育课程。

（二）传统文化具有丰富的思想理论内涵

儒、道、墨、法等诸子百家的思想，包括伦理道德、社会制度、人生哲学等多方面的理论。将这些理论融入高校思政教育，可以帮助学生建立正确的世界观、人生观和价值观，形成健康的心理素质和人格品质。

儒家思想，以孔子、孟子为代表，强调仁、义、礼、智、信等道德品质，强调家庭伦理和社会道德的重要性。将儒家思想融入高校思政教育，可以培养学生的道德修养，激发他们的社会责任感和爱国情怀。

道家思想，以老子、庄子为代表，强调道法自然和无为而治的哲学原则。将道家思想融入高校思政教育，可以帮助学生领悟自然法则，培养他们的谦逊、宽容和包容精神。

墨家思想，以墨子为代表，主张兼爱、非攻、节用等道德观念。将墨家思想融入高校思政教育，可以促使学生形成合作、和谐的人际关系，倡导节俭、勤奋的生活态度。

法家思想，以韩非子、商鞅为代表，主张法治，重实务、严刑峻法。将法家思想融入高校思政教育，可以帮助学生树立法治意识，认识到法律和制度在维护社会秩序中的重要作用。

第三章 传统文化融入高校思政教育的基础

（三）传统文化涵盖丰富的教育方法

例如，《论语》等传统教育典籍中，无论教育内容还是教育方法，都具有很高的借鉴价值。借鉴传统典籍的教育方法，有助于丰富高校思政教育的方式和途径，提高教育的针对性和实效性。

具体来说，《论语》是记录孔子及其弟子言行的语录体著作，包含儒家伦理、政治、教育等多方面的思想。通过学习《论语》，学生可以深入领悟儒家思想，培养高尚的道德品质和人生境界。《论语》的教育方法以"闻、思、行"为主线，强调知行合一，有助于提升学生的实践能力和创新精神。

在借鉴传统教育方法的过程中，高校应充分挖掘传统文化中的智慧，结合现代教育理念，创新思政教育方式和手段。例如，可以采用情境教学、角色扮演、讨论辩论等形式，使学生在亲身体验和实践中感悟传统文化的魅力，提高思政教育的实效性。

二、传统文化与马克思主义理论相结合是发展的内在要求

（一）以马克思主义为指导思想和核心内容的思政教育与传统文化的融合是两者发展的共同需要

1. 深化对马克思主义的理解与认识

传统文化中蕴含着丰富的哲学、伦理道德、社会制度等方面的理论，这些理论在一定程度上可以为人们更深入地理解马克思主义提供借鉴和启示。对传统文化进行学习，有助于马克思主义基本原理同中国实际相结合，从而发挥更好的指导作用。

2. 丰富思政教育的内容与形式

传统文化中包含丰富的教育资源，如诗词、典籍、故事、历史等。将这些资源融入思政教育，可以使教育内容更加丰富，可以提高学生的学习

兴趣和积极性，使思政教育更加生动、具体。

3. 培养具有全面素质的新一代人才

马克思主义强调人的全面发展，而传统文化涵盖道德、审美、人际交往等多方面的素养。将传统文化与马克思主义教育相结合，有助于培养拥有全面素质、道德品质和创新精神的新一代人才，为国家和民族发展做出贡献。

4. 促进中华民族文化的传承与发展

传统文化是中华民族的精神家园，对于中华民族的传承和发展具有重要意义。将传统文化融入思政教育，有助于弘扬中华民族优秀传统文化，提高中华民族自豪感和凝聚力，为中华民族复兴和社会主义建设提供强大精神动力。

（二）马克思主义强调人的全面发展和全面解放

设置高校思政教育课程时，既要注重马克思主义的系统学习，也要关注传统文化的内容，以实现知识的全面性和均衡性。只有这样，学生才能够在把握传统文化的精神内涵的基础上，深入理解马克思主义，形成自己的世界观、人生观和价值观。

在教学过程中，教师可以借鉴传统文化的教育方法，如讲授、讨论、案例分析等，来提高学生的学习兴趣和主动性；也可以引导学生对比分析传统文化和马克思主义的异同，加深对两者的理解和认识。高校思政教育应重视实践环节的安排，可以组织学生参与社会实践、志愿服务、社团活动等，使他们在实践中体验传统文化的魅力，增强对马克思主义的认同感。这样，学生不仅能够将理论知识与实际相结合，还能在实践中培养自己的道德品质，提高团队协作能力和创新能力。高校思政教育要关注学生的人文素养和心理健康，倡导以人为本的教育理念。教师应注重学生的个性差异，关心他们的成长与发展，引导他们在传统文化与马克思主义的熏陶下，树立正确的人生观和价值观，使学生在日常生活中就能感受到两者的交融与共生，从而更加积极地参与高校思政教育实践。

（三）马克思主义是一种具有自我发展和创新能力的理论体系

在新时代条件下，高校要发挥马克思主义的创新精神，结合中国的具体国情，将传统文化与现代社会主义相结合，为思政教育注入新的活力。

1. 深入研究传统文化

为了更好地将传统文化与现代社会主义相结合，高校需要深入研究传统文化的内涵和价值，挖掘其中与马克思主义理论相一致或相补充的部分，对传统文化中存在的问题和不足进行客观分析，有针对性地改革和创新。

2. 创新教育内容

高校要在思政教育中积极探索传统文化与现代社会主义的结合点，将传统文化的优秀成果融入教育内容中，使其更具现实意义和时代特色。教师要关注时代发展的新特点和新要求，及时调整和更新教育内容，使之更符合新时代的需要。

3. 加强师资培训

教师是高校思政教育的主体，因此高校要加强对教师的培训和指导，提高他们的马克思主义理论水平和传统文化素养。要鼓励教师创新教育方法，将传统文化与现代社会主义有机融合，使学生在愉快的学习氛围中掌握理论知识和传统文化。

4. 营造良好氛围

高校要努力营造一个尊重传统文化、倡导创新精神的校园氛围。可举办讲座、展览等文化活动，使学生在日常生活中感受到传统文化与现代社会主义的交融与共生，从而激发他们对高校思政教育的认同。

5. 加强实践教育

实践是检验真理的唯一标准。高校要注重思政教育的实践环节，引导学生将所学理论知识和传统文化应用到实际生活中，从而提高他们的实践能力和创新精神。

三、形成和发挥文化软实力的基本保证

文化软实力是国家软实力的核心因素，对一个国家或地区的发展具有重要意义。在中国这样一个多民族国家，加强传统文化软实力的开发和建设具有特殊的重要性。传统文化软实力在中国发挥的作用如图 3-1 所示。

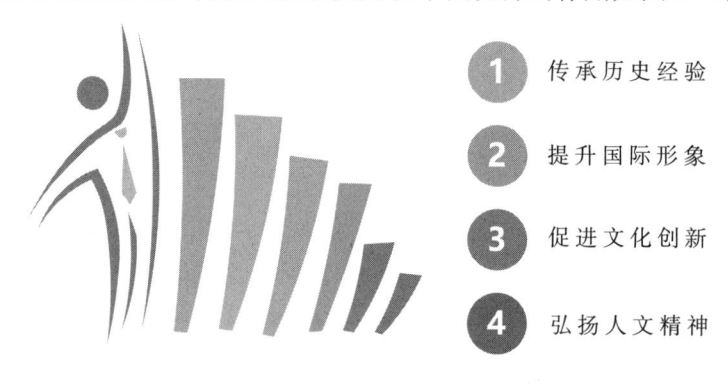

1 传承历史经验
2 提升国际形象
3 促进文化创新
4 弘扬人文精神

图 3-1 传统文化软实力的作用

（一）传承历史经验

在历史长河中，各种传统文化积累形成了哲学、道德、政治、经济等方面的理论体系。这些理论体系为人们解决现代社会问题提供了独特的视角和方法，使人们能够在各种挑战面前迅速找到应对之策。传统文化中的优秀道德观念和价值观念可以为现代社会提供稳定的价值取向，有利于维护社会和谐、促进社会进步。科技发展需要以传统文化为基础，因为传统文化中的创新思维、实事求是的精神等因素对科技发展具有重要意义。另外，在全球化背景下，文化交流成为国际关系中不可或缺的一环。具备丰富的传统文化软实力，可以增强国家在国际交流中的影响力，促进与其他国家的友好合作，共同应对全球性挑战。

（二）提升国际形象

传统文化软实力有助于展示中国的独特魅力，提升国家在国际社会的形象和地位。在长期的发展中，中华文化孕育出了丰富的哲学思想、文学艺术、科技成果等。传播传统文化，可以使世界各国更加了解中国的历史和文化底蕴，从而增进对中国的尊重和理解。一个国家的国际形象不仅取决于其经济实力和政治地位，还取决于其文化软实力。通过传统文化软实力的传播，中国可以向世界展示其和谐共生、包容互鉴的文化特点，树立积极的国际形象。一个国家的文化软实力越强大，其在国际社会中的话语权就越大。中国拥有丰富的传统文化资源，充分发挥传统文化软实力，可以使中国在国际事务中更有话语权，从而更好地维护国家的利益和尊严。

（三）促进文化创新

在文化产业发展过程中，传统文化元素可以与现代审美和技术相结合，创造出具有中国特色和国际竞争力的文化产品，满足市场的多元化需求。在高校思政教育中，对传统文化进行研究可以培养学生的创新精神和实践能力，提高其对中国传统文化的认同感。这有利于为文化产业发展输送一批具有创新思维和实践能力的优秀人才。传统文化软实力可以为文化产业提供独特的文化元素，形成具有中国特色的文化产品和服务，进而在国内外市场中树立独特的品牌形象。另外，以传统文化为核心的文化产品和服务可以与旅游、科技、教育、体育等产业相结合，形成新的产业链条和发展模式，为国家经济增长提供新的动力，推动经济结构的优化升级。

（四）弘扬人文精神

传统文化在文学、艺术、哲学等领域为人们提供了丰富的精神食粮。人们可以通过阅读经典著作、欣赏艺术作品等方式来丰富自己的精神生活，提高审美品位和文化修养，从而增强民族的精神力量。

四、"文化自觉"与"文化自信"的要求

"文化自觉"指在一定文化中生活的人,对其文化有自知之明,了解文化的起源、形成过程、特色以及未来发展方向,不存在任何的文化回归与复旧,同时不进行全盘西化或异化。换言之,就是对自身文化进行自我觉醒、自我反省以及自我创建。"文化自信"指一个国家、民族以及政党对自身文化传统和内在价值的肯定,对其文化生命力充满自信。

传统文化对于一个民族的文化自觉和文化自信至关重要,一个民族能否实现文化自觉,很大程度上取决于其对待传统文化的态度是否端正。理性批判、合理继承、勇于创新是文化自觉的本质要求。

中华传统文化是一种独特的文化现象,它代表中华民族对人类文明和历史的卓越贡献,也是中华民族区别于其他民族的鲜明文化身份。人们需要认识、理解、接受并内化传统文化,这样才能了解中华民族的历史底蕴,从而对未来的美好图景进行规划。

根据现实需求,全面选择和继承优秀的传统文化,摒弃传统文化中的不良部分,充分肯定传统文化的实际地位,是产生"文化自信"的前提。传统文化中包含丰富的智慧、道德观念和审美价值,这些都是民族精神的重要组成部分。对于一个国家和民族而言,保持文化自信是不可或缺的,因为它关系到民族文化的延续和发展。但是,历史中往往存在着一定程度的陈旧观念和做法,它们在某些情况下可能对社会的进步产生阻碍。因此,在传承传统文化的过程中,人们要具备辩证的眼光,摒弃那些不符合现实需求的部分,使传统文化与现代社会相适应。充分肯定传统文化的实际地位,意味着人们要将传统文化视为民族精神的重要支柱,不断发掘其中蕴含的智慧和力量。

因此,当前我国思政教育的重要任务之一,就是在马克思主义的指导下,按照"取其精华,去其糟粕"的原则,充分肯定中国传统文化的内在价值,努力挖掘传统文化的当代价值,对传统文化和现代思政教育进行优化与整合,从而实现传统文化的现代转型和创新发展,进而真正实现"文化自觉"与"文化自信"。

五、传统文化是高校思政教育的文化载体

(一)传统文化是高校思政教育的思想沃土

在浩瀚的中华文明中,传统文化如同源泉般汇聚着千年历史的精华。诸子百家的哲学思想、儒释道的道德观念、文学艺术的优秀传统,无一不为高校思政教育注入了源源不断的活力。这些深厚的文化内涵,为广大学子打开了一扇通向精神家园的大门。

如同璀璨的繁星映照在清澈的湖面上,传统文化中的道德观念成了学生敬畏的座右铭。正义、诚信、孝悌、忠诚等优良品质,在思政教育的熏陶中被一代又一代的青年传承、发扬。这些优秀品质既是中华民族的精神脊梁,也是引导青年学子在道德修养中不断完善自我的内在动力。

在这片思想沃土上,高校思政教育应将传统文化与时代特征相结合,以科学态度对待传统文化,既继承发扬其中的精华,又摒弃其中的糟粕,如此才能使传统文化与现代社会相适应,成为高校教育的有机组成部分。

(二)传统文化是高校思政教育的精神命脉

首先,传统文化为高校思政教育提供了丰富的瑰宝。中华五千多年的历史积淀,孕育了诸子百家的思想智慧、道德伦理的教诲以及文学艺术的璀璨成果。这些无价的文化瑰宝,为高校思政教育注入了无尽的灵感与智慧,引导学生深入探究,学会明辨是非。

其次,传统文化助力学生坚定民族认同感和文化自信。中华优秀传统文化承载着民族的历史记忆与精神底蕴,宛如民族文化的根与魂。通过学习和传承这些璀璨的文化遗产,学生能更好地认识自己的民族,坚定对国家与民族的归属感,为实现民族复兴贡献己力。

再次,传统文化在道德品质培养方面发挥着无可替代的作用。中华优秀传统文化倡导"仁爱、忠诚、孝悌、礼义廉耻"的道德观念,这些珍贵的价值取向在高校思政教育中得到传承与弘扬,使学生在道德修养方面不断精进,具备强烈的社会责任感与崇高的品格修为。

最后，传统文化对提升学生创新能力和综合素质具有积极作用。古人的智慧与才情能激发学生的思维活力，引导他们在传承与创新中探寻新的发展道路。

第二节　传统文化融入高校思政教育的可行性

一、目标的最终指向一致

传统文化具有思政教育功能，且传统文化和思政教育在教育目标、共生性和形成机制方面有着跨越时间和空间的亲缘性，这些都为思政教育借鉴并应用传统文化提供了可能。

（一）思政教育与传统文化传承的目标具有一致性

思政教育与传统文化传承的目标具有一致性，两者皆致力培养具有理想信念、道德品质和文化素养的社会主义建设者和接班人。在这一共同目标的指引下，思政教育与传统文化传承相辅相成，共同为培育新时代英才提供强有力的支持。

在价值观引导方面，思政教育与传统文化传承具有一致性。思政教育旨在引导青年树立正确的世界观、人生观和价值观，而优秀传统文化中所蕴含的道德观念与社会主义核心价值观相契合。将传统文化中的道德观念融入思政教育，可以有效地增强学生的价值取向认同感，引导他们积极投身社会主义事业。

在道德品质培养方面，思政教育与传统文化传承具有一致性。思政教育关注学生的道德品质和思想品行，而优秀传统文化强调仁爱、忠诚、孝悌等品质。将这些优秀品质融入思政教育，有助于培养具有崇高道德品质的新一代青年。

在文化素养提升方面，思政教育与传统文化传承具有一致性。思政教育注重培养学生的文化素养和审美情趣，而优秀传统文化涵盖文学、艺术、历史等丰富领域。将这些文化元素融入思政教育，有助于拓展学生的文化视野，使其在接受现代科学知识的同时，能够更好地理解和欣赏中华民族的优秀传统文化。

（二）思想政治素质与文化素质的共生性

思想政治素质与文化素质的共生性体现在两者相互依存、相辅相成的特点上，它们在培养具有健康人格的社会主义建设者和接班人方面发挥着重要作用。具备高度思想政治素质和文化素质的青年，将成为国家和民族发展的有力支柱。

在价值观引导方面，思想政治素质与文化素质共生。一个人的思想政治素质主要体现在对国家政治制度、价值观念、道德伦理等方面的认同感和忠诚度上，文化素质则涉及对艺术、历史等领域的理解、欣赏和创新，两者相辅相成，共同塑造一个人的世界观、人生观和价值观。只有具备高度思想政治觉悟的人，才能在文化熏陶中坚定自己的信仰，为国家和民族的繁荣发展贡献力量。

在道德品质培养方面，思想政治素质与文化素质共生。一个人的道德品质既受到思想政治观念的影响，也受到文化传统的熏陶。正确的思想政治观念可以引导人们树立正确的道德伦理标准，而优秀的文化传统则为道德品质的培养提供丰富的养分。思政教育与文化熏陶进行整合，有助于培养具有高尚品德的人才。

在创新能力提高方面，思想政治素质与文化素质共生。一个人的创新能力源于对现有知识和文化的批判性思考。具备高度思想政治觉悟的人，能够站在历史和现实的高度，对现有知识和文化进行深入剖析，从而激发创新灵感。丰富的文化底蕴使人们能够在文化传统中寻找创新的契机。因此，思想政治素质与文化素质共同为创新能力的提高提供支持。

（三）思想政治素质和文化素质形成机制的相似性

思想政治素质和文化素质的形成机制具有很大的相似性。这一机制主要表现为教师根据社会的预期要求，对学生实施有目标、有策略、有组织的教育引导。在这个过程中，教师将相关的知识和文化传递给学生，使学生在接受这些知识和文化的过程中形成自己的主观认识。最终，这一教育过程使学生具备符合社会期望的思想政治素质和文化素质。

无论是思想政治素质还是文化素质的培养，都需要教师针对社会所设定的道德标准和价值观，有针对性地对学生进行教育和引导。在这个过程中，学生通过接受知识和文化的传授，逐渐建立起对社会思想道德要求和文化要求的认同和理解，从而达到提升个人思想政治素质和文化素质的目的。

二、功能具有一致性

（一）高校思政教育与传统文化教育的共同功能

高校思政教育与传统文化教育在很多功能上是相对应的、一致的，它们共同对经济社会发展起着重要的作用。除了强化文化认同、凝聚民族精神的功能外，两者还具有以下两个共同功能。

1. 教育引导功能

高校思政教育旨在培养具有正确世界观、人生观和价值观的学生。通过传授马克思主义理论、国家法律法规等基本知识，教育引导学生树立正确的道德观念和社会责任感。思政教育关注培养学生的独立思考和判断能力，使他们能够在复杂多变的社会环境中做出明智的选择。传统文化在高校教育中同样具有引导作用。传统文化传承了中华民族的智慧、价值观和精神追求，具有独特的教育意义。通过研究和传承优秀的传统文化，学生可以更好地了解中华民族的历史和文化底蕴，培养民族自豪感和文化自信。文化教育有助于丰富学生的人文素养，提高学生的审美能力和道德品质，使他们在个人成长过程中形成健康、全面的人格发展。

高校思政教育和传统文化教育在实施过程中具有相互促进的作用。传统文化可以为思政教育提供丰富的教材和实践案例，使思政教育内容更加贴近实际，更加生动形象。反之，思政教育可以为传统文化教育提供理论指导和价值取向，使学生在继承传统文化的同时，能够具备理性、批判性的思考能力。

2.调节转化功能

高校思政教育通过教授马克思主义理论、国家法律法规等基本知识，帮助学生树立正确的世界观、人生观和价值观。在这个过程中，学生能够学会在现实生活中调节自我与他人的关系，转化和解决可能出现的矛盾和冲突。这样的教育可以让学生在遇到困难和问题时保持冷静，运用理论知识和实践经验分析和解决问题，从而促进个人成长和社会和谐。

通过研究和传承优秀传统文化，学生能够更加了解民族历史，增强对传统文化的认同感。在这个过程中，学生能够学会从中华优秀传统文化中汲取智慧，解决现实生活中的问题和困惑。思政教育为学生提供了理论指导和价值取向，使他们在学习传统文化时具备批判性思维；传统文化教育则培养了学生的人文素养和道德品质，使他们在面对现实问题时具备更为全面的视野和更高的道德境界。

（二）高校思政教育的文化新功能

1.文化选择功能

高校思政教育旨在培养具备正确世界观、人生观和价值观的社会主义合格建设者和可靠接班人。因此，在文化选择上，教师需要重视对优秀传统文化的挖掘和传承，让学生深入了解中华民族的历史文化底蕴，激发他们对民族文化的自豪感和认同感。教师还需要关注世界各地的优秀文化，通过比较和学习，让学生形成开放包容的心态和广博的视野，为我国的现代化建设和国际交流合作做出贡献。

高校思政教育关注学生的全面发展，这要求教师在选择文化方面注重培养学生的人文素养，包括学生对文学、历史、哲学等领域的研究，以及对音乐、戏剧等艺术形式的欣赏。通过对多元文化的学习和体验，学生可以提升自身的审美能力和道德品质，丰富内心世界，从而更好地实现自我价值。

高校思政教育注重培养学生的创新能力和批判性思维。教师需要引导学生对传统文化进行理性分析和评价，既继承优秀传统文化，又勇于进行改革和创新。教师应关注当代文化现象，鼓励学生关注社会热点，挖掘现实生活中的问题，培养学生的独立思考能力和社会责任感。

高校思政教育追求文化的多样性和包容性。教师应关注不同民族、地区的文化特色，尊重学生的文化背景和个性特点，营造一个开放、多元的学习环境。这有助于培养学生的民族认同感和文化自信，促进民族团结和国家繁荣。

2. 文化孕育功能

高校思政教育的文化孕育功能，是指其在促进经济社会发展和人的发展的过程中，适应外界环境不断变化的实际情况，营造良好的文化环境和氛围，从而为自然社会和人的发展创设良好的外部条件。这是促进经济社会发展和人的全面发展的客观需要和必然要求。

3. 文化整合功能

文化是一种无形的力量，它深深地融入民族的生命力和凝聚力之中，通过价值观念、理想信念等方式影响人们的思想态度和行为方式。高校思政教育就是整合社会文化、塑造社会精神，使社会文化成为一种推动社会发展的重要精神力量。这种精神力量在一定条件下也可以转化为物质力量。

高校思政教育的文化整合功能，就是指在社会主义发展的新时期，党和政府以及一些社会组织通过某种方式或手段，在多样化的文化发展过程中确立具有主导性的文化或价值体系，并努力使其成为全体社会成员共同的价值观念甚至理想信念，在人们保持一定思想独立性的前提下，形成全社会的共同价值观，增强社会的凝聚力。

4. 文化预测功能

高校思政教育关注时代发展的动态变化，以便敏锐地捕捉和研判社会、政治、经济、科技等方面的发展趋势。这有助于教师为学生提供具有前瞻性的教育内容，培养学生应对未来社会挑战的能力。

高校思政教育关注文化的发展规律，通过对历史文化演变的研究，揭示文化发展的内在机制。这有助于教师引导学生从宏观角度审视文化现象，增强对文化趋势变化的预测和把握能力。

高校思政教育关注未来可能出现的社会问题，教育学生具备预测和解决问题的能力。通过对现实问题进行深入剖析，学生能具有敏锐的洞察力和创新能力，以应对未来社会的各种挑战。

5. 文化创新功能

高校思政教育的文化创新功能主要体现在以下几个方面。

（1）尊重和挖掘传统文化。高校思政教育要充分挖掘和传承优秀传统文化，使学生深入了解民族文化的历史渊源，从而为文化创新提供坚实的基础。在继承传统文化的过程中，教师应引导学生对传统文化进行理性评价，既要承认其积极价值，也要勇于突破其局限，从而为文化创新创造条件。

（2）培养创新精神和能力。高校思政教育应培养学生的创新精神和能力，教育学生敢于质疑、敢于探索，提高学生独立思考和解决问题的能力。例如，开展多样化的教育活动，鼓励学生积极参与文化创新实践，培养他们的创新意识和实践能力。

（3）激发跨学科交流与合作。高校思政教育要强调跨学科交流与合作，鼓励学生在不同学科领域开展创新研究，推动文化创新的多元化发展。跨学科的交流与合作有助于学生拓宽视野，激发创新灵感，为文化创新提供源源不断的动力。

（4）强化国际视野和对外交流。在全球化背景下，高校思政教育要注重培养学生的国际视野，加强与世界各地的文化交流与合作。学习和借鉴世界各地的优秀文化，有助于丰富学生的文化素养，激发创新思维，为我国文化创新提供更广阔的空间。

三、价值观相契合

社会主义核心价值体系的核心内容是社会主义核心价值观，它包括三个层面的价值观念：国家层面、社会层面和个人层面。国家层面的价值观包括富强、民主、文明、和谐，这些价值观体现了我国社会主义初级阶段的奋斗目标，符合国家发展的要求。社会层面的价值观包括自由、平等、公正、法治，这些价值观代表了党和国家所倡导的核心价值理念，体现了社会发展的需求。个人层面的价值观包括爱国、敬业、诚信、友善，这些价值观是对道德准则的规定，满足了个人发展的要求。

社会主义核心价值观为高校思政教育指明了方向。它要求思政教育遵循"以人为本"的教育理念，关注个人的发展需求。在教育内容上，要以社会主义核心价值观为主导，传承国家层面的奋斗目标，传播社会层面的价值取向，培养个人层面的道德品质。在教育方法选择上，要尊重个体的差异性，因材施教，以更好地实现社会主义核心价值观在各个层面的融合与发展。

四、内容具有交叉性

高校思政教育和传统文化的内容在很多方面具有交叉性。这种交叉性主要体现在以下几个方面。

（一）价值观念的传承

传统文化中的一些优秀价值观念，如孝顺、忠诚、仁爱、诚信等，与高校思政教育中的一些核心价值观有相通之处。这些价值观念在传统文化和高校思政教育中都具有重要的教育意义，可以帮助学生树立正确的世界观、人生观和价值观。

（二）道德修养的培育

传统文化强调道德修养，注重个人品行的修炼。高校思政教育同样关注道德修养，旨在培养具有高尚品质的社会主义事业建设者和接班人。在这一点上，传统文化和高校思政教育有着共同的目标。

（三）人文素养的提升

传统文化中的文学、艺术、哲学等内容可以丰富学生的人文素养，提高他们的审美能力和思维能力。高校思政教育也关注学生的人文素养，强调培养全面发展的人才。

（四）国家认同感的增强

传统文化作为民族文化的重要组成部分，对增强民族认同感具有积极作用。高校思政教育也通过对国家历史、民族文化的传承和发扬，增强了学生对国家和民族的认同感。

第三节　传统文化融入高校思政教育的侧重点

一、建立健全传统文化教育体系

（一）深化对传统文化的认识，强化教育资源的系统性

要深化对传统文化的认识，首先要了解文化的历史沿革。这需要研

究文化的起源、发展过程、演变规律等方面的内容，理解文化在不同历史阶段的特点和价值，看到文化的连续性和发展性，在宏观层面上理解中华文化的发展脉络，对其有更深入的认识。其次，要对文化的多个领域有全面的了解，包括语言文字、思想道德、历史地理、艺术科技等方面。每一个领域都是中华文化的重要组成部分，都蕴含独特的文化价值和意义。对这些领域进行深入研究，可以更好地理解和把握中华文化的丰富内涵。最后，要注意研究和挖掘传统文化中的优秀元素和精神内核。中华文化中有许多优秀的文化元素，如儒家的仁爱之心、道家的顺应自然、法家的法治秩序等，这些元素代表了中华文化的核心价值，对于高校思政教育具有重要的指导意义。

（二）梳理传统文化课程体系，打造多元化教学内容

要梳理传统文化课程体系，打造多元化的教学内容，关键是要认识到课程是传统文化教育的重要载体。通过设立专门的传统文化课程，学生可以系统地学习和理解传统文化，从而提高文化素质和修养。要实现这个目标，就需要构建一套科学合理、结构完整的课程体系，涵盖从基础知识到深度研究的各个层次，满足不同学生的学习需求。

构建传统文化教育体系，需要先确定课程的目标。这个目标应该全面提高学生的文化素养，使他们对中华传统文化有深入的理解和熟悉，包括对文化的历史、价值、思想等方面的认识。这个目标不仅要符合高校教育的总体要求，也要适应当前社会发展的需要，反映出传统文化教育的时代性和实效性。确定了课程的目标之后，就需要详细地设计和规划课程内容。课程内容应该涵盖传统文化的各个方面，如历史、语言、艺术、思想等。在设计课程内容时，不仅要注重内容的全面性，也要注重内容的深度，既要包括基础的知识和概念，也要涵盖深入的分析和研究。一方面，课程应该有清晰的结构，使学生能够按照一定的顺序和步骤进行学习，使学习过程有序和系统。另一方面，课程应该有不同的层次，满足不同学生的学习需求。这就需要设置基础课、专业课、研究课等不同类型的课程，

使学生可以根据自己的兴趣和需求选择适合的课程。课程的设计和规划是一个复杂的过程，涉及教育理念、教育目标、教育内容、教学方法等多个方面。在这个过程中，不仅要充分利用教育资源，还要考虑学生的学习习惯和学习效果，尽可能使每个学生都能从课程中获得较大的收益。

二、确立高校思政教育的指导思想

（一）习近平新时代中国特色社会主义思想

习近平新时代中国特色社会主义思想植根于中华历史文化的深厚土壤，成功实现了与中华优秀传统文化的深度结合。习近平新时代中国特色社会主义思想深刻汲取博大精深的中华优秀传统文化所蕴含的丰富哲学思想、人文精神、道德理念，是对中华优秀传统文化进行创造性转化、创新性发展的典范。习近平总书记在文章、讲话中常常引用古代典籍中的经典名句，用中国经典讲"中国经验"，以中国道理讲"中国道路"，有效激活了中华优秀传统文化的生命力，使马克思主义在中国大地焕发出新的勃勃生机。

习近平新时代中国特色社会主义思想将中国精神作为兴国之魂、强国之魂，为实现中国梦提供强大精神动力。人无精神不立，国无精神不强，党无精神不兴。党的十八大以来，以习近平同志为核心的党中央大力弘扬以爱国主义为核心的民族精神和以改革创新为核心的时代精神，鲜明提出以伟大建党精神为源头的中国共产党人的精神谱系，中国人民的伟大创造精神、伟大奋斗精神、伟大团结精神、伟大梦想精神得到了空前迸发。习近平新时代中国特色社会主义思想既以大量原创性理论贡献标注了马克思主义发展的新高度，实现了对共产党执政规律、社会主义建设规律、人类社会发展规律认识的新跃升，又把中国共产党人对中华优秀传统文化地位和作用的认识提升到新高度，为实现中华民族伟大复兴构筑起更为坚定的文化自信，提供更为主动的精神力量。

习近平新时代中国特色社会主义思想，最为集中而深刻地彰显了中国精神独特的文化传统与民族风范，也最为集中而深刻地展现了中国共产党人崇高的理想信念与初心使命，是中华文化和中国精神的时代精华。

回首百年，马克思主义中国化取得了一系列重大成果，但还远未结束。习近平新时代中国特色社会主义思想实现了马克思主义思想精髓与当代中国实际、与中华优秀传统文化精神特质、与21世纪的世界的融会贯通，充盈着浓郁的中国味、深厚的中华情、浩然的民族魂，具有鲜明的世纪性特征，是当代中国马克思主义、21世纪马克思主义，是中华文化和中国精神的时代精华。正是因为这样，才应该将习近平新时代中国特色社会主义思想确立为高校思政教育的指导思想之一。

（二）社会主义核心价值观

社会主义核心价值观与中华优秀传统文化有着不可割断的命脉关系，两者相互联系、相辅相成，中华优秀传统文化是社会主义核心价值观固有的根本，社会主义核心价值观是中华优秀传统文化在新时代的彰显与弘扬。

中华优秀传统文化博大精深、源远流长，但也不可避免具有历史局限性，人们应与时俱进地对中华优秀传统文化进行创造性转化，将其应用于现代高校思政教育教学中，使之更好地适应时代需要，融入社会主义核心价值观。

今天人们所倡导的社会主义核心价值观，不仅在根源上传承着中华优秀传统文化，而且在现实中充分体现出改革开放以来中国人的独特精神风范，充分体现出中华优秀传统文化的理性精神。所以，要创造性地转化和创新性地发展中华优秀传统文化，把它真正融入社会主义核心价值体系中。一是把"杀身成仁""舍生取义"的献身民族、报效祖国的精神融入社会主义核心价值观中的爱国范畴；二是把"笃志而体""刚健有为""自强不息"的奋进精神和"天下为公""公而忘私"的奉献精神融入社会主义核心价值观中的敬业范畴；三是把"诚实守信""实事求是"的求实精神融入社会主义核心价值观中的诚信范畴;四是把"己欲立而立人,己欲达而达人"的关爱精神融入社会主义核心价值观中的友善范畴。

(三)二十大精神

党的二十大报告擘画了全面建成社会主义现代化强国的宏伟蓝图和实践路径,指出了传承中华优秀传统文化的重要性。新时代的高校肩负着实现第二个百年奋斗目标,传承和发扬中华优秀传统文化,以中国式现代化全面推进中华民族伟大复兴的重要任务。这就要求高校以二十大精神作为思政教育的重要指导思想,深入挖掘和阐发中华优秀传统文化讲仁爱、重民本、守诚信、崇正义、尚和合、求大同的时代价值,使之成为涵养社会主义核心价值观、提高思政教育水平的重要推力。

三、培养学生学习传统文化的意识,增强社会主义核心价值观的吸引力

学生作为思政教育的主体,是传统文化传承与创新的关键一环。培养学生的传统文化意识并非简单地灌输和讲解知识,而需要深入他们的内心,使他们从感性认识到理性理解,进而形成自觉的文化认同感。这是一种对传统文化价值观念的深入理解和接纳,是一种源于内心的对文化精神的尊重和热爱。只有这样,学生才能在日常生活中主动将传统文化融入自身的行为举止,以实际行动践行社会主义核心价值观。社会主义核心价值观是一种道德理念和精神纽带,其深厚的生命力和广泛的影响力都源于它与时代、社会和人民群众的密切联系。因此,高校思政教育在传承传统文化的同时,应该注重社会主义核心价值观与当前社会发展的结合,以及社会主义核心价值观与学生个人成长的结合,这样学生才能更好地理解和接纳社会主义核心价值观,更愿意在日常生活中践行这些价值观。

高校还应当采取创新的教育方法和手段,使学生在体验和参与中感受传统文化的魅力,认同社会主义核心价值观。例如,开展文化体验活动,

包括戏剧表演活动、传统艺术体验活动、非物质文化遗产学习活动等。通过戏剧表演活动，学生可以在亲身参与的过程中感受传统戏剧的魅力，理解传统戏剧背后蕴含的道德理念和社会价值。而这些道德理念和社会价值，正是社会主义核心价值观的重要组成部分。基于此，学生不仅可以提高自己的艺术修养，也可以在实践中加深对社会主义核心价值观的理解。通过传统艺术体验活动，学生可以接触并学习书法、绘画、陶艺等传统艺术形式，从而理解并欣赏传统艺术的精神内涵和审美价值。这些活动不仅可以提升学生的艺术鉴赏能力，也有助于他们理解传统艺术与社会主义核心价值观的关联，增强对后者的认同。通过非物质文化遗产学习活动，学生可以直接接触到传统工艺、民间艺术等非物质文化遗产，了解其历史、发展和技艺，深入感知传统文化的魅力。这种活动可以帮助学生理解非物质文化遗产在社会主义核心价值观中的位置和作用，增强他们对社会主义核心价值观的认同。

四、激发创新精神与实践能力

（一）挖掘传统文化中的创新智慧

传统文化中蕴含着丰富的创新思维和方法，这些智慧成果是先民在实践中不断探索、积累和沉淀的结晶。高校思政教育在融入传统文化时，应引导学生深入挖掘这些宝贵资源，激发学生运用古代智慧解决现实问题的能力。

第一，以历史为镜。通过研究历史，学生可以了解先民在面对各种困境时如何进行创新，以及他们在科技、哲学、文化等方面所取得的成就。这种对历史的了解有助于培养学生的创新思维，鼓励他们在现代社会中勇于追求创新。

第二，启迪思考。传统文化中的故事、寓言和诗词等文学作品往往蕴含着丰富的哲理。高校思政教育应引导学生阅读这些作品，激发他们的思考，启迪他们在解决问题和面对挑战时运用创新思维。

第三，培养学术素养。古代的学术成果和经典著作是创新思维的宝库。高校思政教育应鼓励学生阅读这些经典，了解古代学者的学术观点和方法，使学生在现代研究中吸取经验，形成自己的创新思维。

第四，传承技艺。传统技艺是先民创新思维的具体体现。高校思政教育应重视对这些技艺的传承与发扬，教育学生学会运用这些技艺解决现实问题，并在此基础上进行创新。

(二) 培养实践精神

传统文化强调实事求是和实践为先的观念，与现代教育中倡导的实践精神相一致。这一观念源于我国古代的哲学家和思想家，他们认为只有通过实践和探索，人们才能真正认识世界和发现真理。高校思政教育应将这一观念融入教学内容，引导学生在实际学习和生活中积极践行，培养他们解决问题的能力和实践精神。

高校思政教育应注重培养学生运用理论指导实践的能力，使他们能够将所学知识与实际情况相结合，解决生活和工作中遇到的问题。这有助于提高学生的实际操作能力，培养他们的实践精神。因此，高校应鼓励学生参与社会实践活动，将课堂知识与社会实际相结合。通过志愿服务、社会调查等活动，学生可以更好地了解社会现实，培养自己的实践能力和社会责任感。

(三) 促进跨学科创新

传统文化涵盖哲学、文学、艺术、历史、科学等多个领域，具有极高的跨学科价值。在高校思政教育中，融合传统文化对于培养具有跨学科素养的创新型人才至关重要。高校应开设涉及传统文化的跨学科课程，使学生在学习专业知识的同时，能够深入了解传统文化的丰富内涵。这有助于拓宽学生的知识视野，培养他们的跨学科思维。同时，高校应鼓励学生进行跨学科的交叉研究，探讨传统文化与现代科学技术、社会发展等方面的关系，培养学生的创新能力和独立思考能力。例如，高校应定期举办关于传统文化跨学科研究的学术讲座，邀请各领域的专家学者进行交流和探讨。这既有利于提高学生的学术素养，也有助于激发他们对传统文化的研究兴趣。

（四）提高创新意识和创新能力

传统文化中的许多观念和方法对于激发学生的创新意识和提高创新能力具有积极作用。高校思政教育应以传统文化为载体，提高学生对创新的敏感度和兴趣，培养他们在实践中发现问题、分析问题、解决问题的能力。在教学过程中，教师可以引入传统文化中的创新案例，如古代科技发明、文化创新等，展示先人在面对挑战时所展现的创新精神；还可以组织以传统文化为主题的创新实践活动，如传统技艺创新大赛、传统文化创意设计比赛等，鼓励学生将所学知识运用于实际创新中，培养他们的实践能力和创新精神。

第四章
传统文化融入新时代高校思政教育的基本原则

第四章 传统文化融入新时代高校思政教育的基本原则

第一节 以马克思主义为正确指导的原则

一、马克思主义是思政教育的指导思想

对中国传统文化的研究必须坚持以马克思主义为正确指导的原则，两者之间是支援意识与主导意识的关系，人们在努力挖掘中国传统文化的思政教育资源时，必须将中国传统文化视为思政教育理论的支援性资源，而不能本末倒置。

（一）马克思主义的主要内容

1.马克思主义基本理论

1847年，马克思用法文写成《哲学的贫困》，以论战的形式向世人公开了马克思恩格斯的理论。但这部著作影响不大，真正标志着马克思主义诞生的，是后来的《共产党宣言》。《共产党宣言》以唯物史观为基础，科学论证了社会主义必然会代替资本主义，并着重阐述了社会主义的科学性，奠定了无产阶级政党学说的基础。

当然，《共产党宣言》的发表，正像它的书名所标示的那样，带有宣示和象征的意义。人们当然可以说它是马克思主义第一次系统的表述，是马克思主义诞生的标志，但这并不意味着马克思主义理论在这时已经很完善了，并不意味着马克思主义的产生过程至此终止。马克思一生的两大发现有唯物史观和剩余价值学说，这是马克思主义理论体系的两大理论基石。《共产党宣言》中体现了马克思的第一大发现，他的第二大发现则体现在他后来写成的巨著《资本论》中。在《资本论》中，马克思深入分析了商品、货币、资本、剩余价值的含义，创立了科学的劳动价值论和剩余价值理论，揭示了资本主义生产方式运作过程和剥削工人的秘密，论述了

资本主义积累的一般规律和资本主义生产方式必然灭亡的历史趋势。马克思的政治学说，特别是关于阶级斗争和无产阶级历史使命的学说，确实是马克思主义理论的重要基石。如果说唯物史观代表的是哲学的变革，剩余价值学说代表的是经济学上的变革，那么无产阶级历史使命学说代表的则是社会主义学科，尤其是社会主义政治学说的变革。

2. 中国化马克思主义

马克思主义是立党立国、兴党兴国的根本指导思想。党的二十大报告指出："实践告诉我们，中国共产党为什么能，中国特色社会主义为什么好，归根到底是马克思主义行，是中国化时代化的马克思主义行。"拥有马克思主义科学理论指导是中国共产党坚定信仰信念、把握历史主动的根本所在。

坚持和发展马克思主义，必须同中华优秀传统文化相结合。只有植根本国、本民族历史文化沃土，马克思主义真理之树才能根深叶茂。必须坚定历史自信、文化自信，坚持古为今用、推陈出新，把马克思主义思想精髓同中华优秀传统文化的精华贯通起来，同人民群众日用而不觉的共同价值观念融通起来，不断赋予科学理论鲜明的中国特色，不断夯实马克思主义中国化时代化的历史基础和群众基础，让马克思主义在中国牢牢扎根。

（二）马克思主义的教育意义

1. 马克思主义对培养大学生树立正确哲学思维的指导作用

马克思主义在高等教育中占据着至关重要的地位，它对于引导学生确立正确的哲学思考方式具有深远影响。马克思主义的世界观和方法论能帮助学生塑造科学的唯物主义思考方式，并以此为依托去探索世界和自我。这种思考方式能够使学生理解到辩证思考的重要性，进而能够在思政教育中辨析是非，积极地站在正确的政治立场上，并形成符合社会主义社会需要的思想观念和道德规范。

通过学习马克思主义基本原理，学生可以从一种新的视角来观察和分析事物。这种视角鼓励他们科学地、辩证地在尊重客观规律的基础上处理问题，这就要求学生在看待问题时不应过于片面，而应实事求是，深入实践，通过实践获取真知。

马克思主义的唯物史观也为学生提供了认识社会发展规律的有效工具。在现今复杂多变的社会环境中，马克思主义的这一理论工具能够帮助学生正确看待周围的世界，理解世界变化的规律和本质，从而更好地投身社会主义建设。

马克思主义教育和思政教育之间存在高度的统一性。马克思主义教育为思政教育提供了基本的指导原则，思政教育则将马克思主义运用到实践中。这一过程既体现了理论对实践的指导作用，又实现了马克思主义中国化和具体化的工作原则。高校思政教育的根本目标就是传播马克思主义世界观和方法论，培养大学生正确的哲学思维能力。为了实现这个目标，大学生需要以马克思主义为指导，深入理解并运用马克思主义的基本理论。

2. 马克思主义教育对大学生确立正确人生观和价值观的指导作用

马克思主义揭示了人的本质，即社会关系的总和，这为学生理解自身在社会中的位置，以及如何协调他们的行为与广泛的社会关系之间的关系提供了清晰的理论框架。马克思主义引导学生理解自己并非孤立的个体，而是集体的一部分，需要在集体利益与个人利益间找到平衡。

马克思主义的人生价值观强调以辩证唯物主义和历史唯物主义为指导，主张为人民服务的集体主义原则。它提出，一个人的价值不在于他的社会地位、财富或权力，而在于他为社会做出了多大的贡献。这是马克思主义中国化的重大成果之一，可激发学生以更高的斗志为生活奋斗。

马克思主义还着眼于人类最终的价值目标——共产主义社会的实现。这个目标代表着真正的自由、全面的发展以及公平和公正。马克思主义强调，共产主义社会的实现需要每一代人的不懈努力和奉献，这对学生尤其具有启发意义。

马克思主义教育不仅帮助学生理解自身在社会中的位置，也引导他们以集体主义原则、为人民服务的精神以及追求共产主义社会的目标来设定自己的人生观和价值观。它鼓励学生将自己的未来与国家和民族的未来紧密联系起来，明确自己的责任和使命，提升个人综合能力，积极为国家和民族贡献力量。

二、中国传统文化与马克思主义的关系

中国传统文化在思想教育上的价值主要体现在两个方面：首先，许多中国传统文化的元素符合科学的世界观和方法论，这有助于提升学生的思想素质；其次，中国传统文化能够推动马克思主义的中国化，进一步增强人们对马克思主义的理解和掌握，间接提升思想素质。

马克思主义在中国的传播和实施，离不开中国传统文化的基础。这是因为中国传统文化包含着丰富的思想资源，已经深入人心，并在中国社会的历史发展中发挥了重要作用。因此，马克思主义要在中国生根发芽，就必须与中国传统文化进行深度融合。马克思主义的中国化，实际上是马克思主义和中国传统文化相互融合的过程。这种融合不仅体现在理论层面，也体现在实践层面。马克思主义与中国传统文化进行融合，有助于人们更好地理解和解释中国的实际情况，这不仅可以提高人们的思想素质，还有助于马克思主义在中国的深入发展和广泛传播。

（一）马克思主义理论教育是在中国文化的土壤中进行的

思政教育内容是一种知识系统，由社会通过一定方式和手段传递给教师，包括思想观念、政治观点、社会道德规范等。我国当前阶段思政教育的重要任务包括树立正确的世界观、人生观和价值观教育，弘扬和培育民族精神教育，公民道德教育以及素质教育等。为了实现这些目标，高校思政教育工作必须与时俱进，根据不同学生的实际思想情况确定具体内容。

中国是一个社会主义国家，有着自己独特的文化土壤。马克思主义理论教育是在这个文化土壤中进行的，因此要对学生进行思政教育，让他们

接受马克思主义的思想观念、政治观点和社会道德观。高校思政教育的具体内容，就是将这些马克思主义的思想观念、政治观点和社会道德观全面系统地传输给学生。在这个过程中，高校需要理性对待我国的传统文化，将其与时代精神和现代价值观进行结合，明确中国传统文化的精华内容。

（二）马克思主义与中国传统文化结合才有生命力

近代中国独特的环境使马克思主义与中国传统文化的结合成为可能。引入马克思主义后，中国确实发生了深刻的变革。马克思主义为中国人民带来了新的思想和新的路径，这些新思想和新路径必须与中国传统文化相结合，以适应中国的国情，并对中国的革命工作起到指导作用。这种结合是自然发生的，得益于中国共产党对国情的深入理解。只有中国化的马克思主义理论，才能有效地指导中国人民的革命行动。

马克思主义与中国传统文化的互补性使两者的结合成为必要。如果不接受任何外来思想，一味坚守旧观念，就会走入文化发展的死胡同。中国传统文化需要与优秀的外来文化结合，才能焕发新的生命力。在这种情况下，马克思主义的引入成了对中国文化的较好诠释。

马克思主义与中国传统文化的结合是科学的。马克思主义历经时间的考验，始终闪耀着真理的光芒，持续展现出新的活力。这主要归功于马克思主义具有时代进步的理论特性。马克思主义在全球的广泛传播证明它符合社会发展的规律，可以被人们利用。

只有始终坚持马克思主义的指导，正确对待马克思主义，国家才能走向良性的发展道路。中国改革开放以来的巨大成就就充分说明了这一点。因此，人们必须坚定不移地坚持马克思主义的指导原则，将它与实际国情和传统文化紧密结合，这样才能解决发展中的问题。

第二节　遵循社会主义核心价值观的原则

在将传统文化融入高校思政教育中时，需要认真遵循社会主义核心价值观，确保教育内容符合社会主义核心价值观的基本要求。具体如图 4-1 所示。

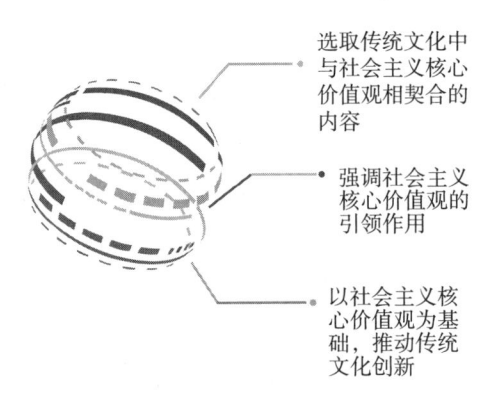

图 4-1　遵循社会主义核心价值观将传统文化融入高校思政教育的要求

一、选取传统文化中与社会主义核心价值观相契合的内容

在整合传统文化资源时，高校需要筛选出与社会主义核心价值观相契合的知识点和实践案例，以提升教育内容的实际意义和价值。这样才有利于深化思政教育的内涵，丰富教育手段，从而推进传统文化的传承与创新。

第一，深入研究传统文化的历史渊源、发展脉络以及基本内涵，全面了解传统文化的主要内容和表现形式。传统文化的形成与演变受到政治、经济、科技等多方面因素的影响，体现了中华民族特有的文化精神和价值观。因此，人们需要对传统文化的历史渊源进行研究，深刻把握传统文化的发展脉络和基本内涵，全面了解传统文化的主要内容和表现形式。例如，儒家强调仁、义、礼、智、信等道德品质，主张以人为本，推崇家族伦理和社会秩序；道家主张顺应自然、无为而治，强调内心修养和道德境界；墨家主张兼爱非攻，提倡节俭、公平、人道；法家强调法治和严密的制度体系，主张积极治理社会。人们需要分析这些流派与社会主义核心价值观之间的关联和差异，以便在传统文化与社会主义核心价值观之间找到恰当的结合点。

第二，在筛选传统文化资源时，要注重挖掘其中与社会主义核心价值观相一致的部分。在道德规范方面，传统文化强调"仁爱、礼让、诚信、敬老"，这与社会主义核心价值观中的"爱国、敬业、诚信、友善"等价值观念相契合。高校可以通过比较分析，找出这些传统道德规范与社会主义核心价值观之间的共同点，为思政教育提供丰富的教学素材。在崇尚公德方面，传统文化强调"忠诚、正直、廉洁、公义"，这与社会主义核心价值观中的"公正、法治"等观念相印证。高校应从古代典籍和历史事件中挖掘出积极的公德实践案例，使学生在学习中体会到传统文化与社会主义核心价值观的内在联系。在忠诚友善方面，传统文化中的"诚信、宽容、互助、友爱"与社会主义核心价值观中的"和谐、友善"等观念相契合。高校可以从传统文化中选取一些忠诚友善的典型事例，使学生在思政教育中感受到传统文化的精神力量。

第三，在整合传统文化资源的过程中，高校应当坚持去伪存真、去粗取精的原则，确保思政教育的内容能够更好地服务于学生的成长和社会的发展。去伪存真是指以理性的态度对待传统文化中存在的一些消极因素，如宿命论、封建礼教等。这些观念可能会对学生的思想产生负面影响，限制他们的发展空间，因此应当避免将其纳入思政教育。在研究传统文化时，高校要有选择性地继承和发展其积极成果。去粗取精是指着重发扬和传播传统文化中的优秀成果和精神内核。例如，儒家倡导的仁爱、忠诚、诚信等观念，道家强调的自然、和谐、宽容等理念，以及法家主张的法治、公正、廉洁等原则，都是传统文化中的精华部分。要将这些优秀成果融入高校思政教育，使学生在学习中受到传统文化的熏陶，提升自己的道德修养和人文素养。

第四，高校要充分认识到传统文化在思政教育中的重要地位，并强化其在教育体系中的作用。传统文化是一个民族长期积累的精神财富，它体现了民族的历史、智慧和精神风貌。将传统文化融入高校思政教育，有助于培养学生的民族自豪感、民族凝聚力和社会责任感，提升他们的道德修养和人文素养。传统文化可以提供丰富的道德资源。在传统文化中，教师可以找到许多关于仁爱、忠诚、诚信、敬老爱幼等方面的教育素材。这些素材可以为高校思政教育提供有益的道德启示和教育内容，有助于引导学生树立正确的价值观和道德观。通过学习传统文化，学生可以更好地了解本民族的历史、文化传统和精神风貌，从而增强对本民族的认同感和自豪感。这也有助于培养学生的民族凝聚力和社会责任感。此外，传统文化可以为高校思政教育提供跨学科的研究资源。传统文化涵盖哲学、文学、艺术、历史、科学等多个领域，具有极高的跨学科价值，将这些资源纳入高校思政教育，有助于提升教育的广度和深度，培养学生的综合素养和创新能力。

二、强调社会主义核心价值观的引领作用

在传统文化融入高校思政教育的过程中，必须确保社会主义核心价值观在价值引导、思想观念和行为准则方面的主导地位，以确保教育内容的正确方向。

（一）明确社会主义核心价值观的指导地位

在整合传统文化资源的过程中，应当将遵循社会主义核心价值观作为基本原则，引导学生树立正确的世界观、人生观和价值观。这样做可以使传统文化与社会主义核心价值观相辅相成，共同为高校思政教育服务。

社会主义核心价值观是当代中国特色社会主义建设的重要指导思想，包含富强、民主、文明、和谐等国家层面的价值理念，自由、平等、公

第四章　传统文化融入新时代高校思政教育的基本原则

正、法治等社会层面的价值观念，以及爱国、敬业、诚信、友善等个人层面的价值观念。在整合传统文化资源时，要将这些价值观念贯穿在教育内容中，使学生能够在学习传统文化的过程中，深刻理解和把握社会主义核心价值观的精神内涵。要注重传统文化与现代社会的联系，将传统文化中的优秀元素与现实生活相结合。这可以帮助学生更好地理解传统文化的现实意义，从而将社会主义核心价值观与实际生活联系在一起，提高教育的实效性。

（二）注重将社会主义核心价值观与传统文化相结合

在挖掘传统文化资源的过程中，要关注传统文化中与社会主义核心价值观相契合的部分，如孝悌忠信、仁爱和谐等优秀传统价值观念，将其融入教学内容，使学生在学习传统文化的同时，增强对社会主义核心价值观的认同感。同时，挖掘传统文化中与社会主义核心价值观相契合的部分，有助于学生更好地理解和把握社会主义核心价值观的内涵。

（三）积极传播社会主义核心价值观的现代表达

将传统文化与现代社会实际相结合，可以让社会主义核心价值观在教育中更具现实意义。高校应关注当今社会的热点问题和现实挑战，从传统文化中吸取智慧和经验，为解决现实问题提供有益的思路。例如，在面对环境问题时，可以借鉴道家的"道法自然"理念，引导学生树立绿色发展观念，为建设美丽中国贡献自己的力量；还可以运用现代传播手段和技术，如网络、影视、动漫等，对传统文化中的优秀故事和人物形象进行再创作，使之成为传播社会主义核心价值观的生动载体。这样一来，社会主义核心价值观就不再是抽象的，而是通过传统文化的生动形象和具体实例为学生呈现，更容易引起学生的共鸣。教师要紧密关注学生的需求和特点，灵活运用传统文化中的知识和经验，创造性地开展教育活动，使社会主义核心价值观在高校思政教育中充分发挥作用。

（四）加强社会主义核心价值观的评价体系建设

高校要建立健全评价体系，评估学生在学习传统文化过程中对社会主义核心价值观的认识、理解和实践，以促使他们更加自觉地践行社会主义核心价值观。

第一，评价体系应该立足于学生的认识和理解层面。高校要关注学生在学习传统文化过程中对社会主义核心价值观的理论掌握程度，评估他们是否能够准确地理解社会主义核心价值观的内涵及其与传统文化的联系。评价方法可以采用书面测试、口头讨论、作文等形式，以全面了解学生的认识水平。

第二，评价体系应关注学生的实践层面。高校要观察学生在日常生活、学习和社会实践中是否能够积极地将社会主义核心价值观融入实际行动，是否体现出良好的道德品质和行为准则。可以通过观察记录、实践报告、同伴互评等形式全方位了解学生在实践中的表现。

第三，评价体系应具有针对性和灵活性。根据不同学科领域和教学内容，评价体系可以有针对性地设置相应的评价指标和方法。评价体系应根据学生的个性差异和特长，灵活调整评价方式和重点，以激发学生的积极性和主动性。

第四，评价体系应注重过程和结果相结合。高校既要关注学生在学习传统文化和社会主义核心价值观过程中的参与程度，也要重视学生在学习成果方面的表现。通过对过程和结果的综合评价，高校可以更全面地了解学生的实际情况，为提高教学效果提供有力支持。

第五，评价体系应注重与教育教学相结合。评价结果应作为教师调整教学策略、改进教学方法的重要依据，以便更好地满足学生的需求和期望。教师应将评价结果及时反馈给学生，帮助他们找到自身的不足和需要改进的地方，引导他们树立自我完善的信心和决心。

第六，评价体系要坚持公平、公正、公开的原则，确保评价结果客观、真实、可靠。在评价过程中，教师要摒弃任何主观臆断和偏见，尊重学生的差异和多样性，遵循客观公正的评价原则。评价结果应当向学生和家长公开，同时接受社会各界的监督和评议，以增加评价的透明度和可信度。

第七，评价体系的建立和完善应与教育改革和发展相适应。随着教育理念的不断创新和实践的不断深入，评价体系也应不断进行调整和优化，以适应教育教学的新要求和新挑战。高校应充分借鉴国内外先进的评价理念和方法，力求在评价过程中实现科学性、有效性和实用性的统一。

第八，建立健全评价体系还需要教育管理部门、学校和教师共同努力。教育管理部门要为学校和教师提供必要的政策支持和专业指导，学校要为教师提供良好的工作环境和条件，教师要切实履行职责，努力提高自身的教育教学水平。

三、以社会主义核心价值观为基础，推动传统文化创新

在弘扬传统文化的同时，应积极推动文化创新，使之与社会主义核心价值观相融合，从而为当代高校思政教育提供丰富多样的资源。

（一）以人为本，关注学生需求

在以社会主义核心价值观为基础推动传统文化创新的过程中，高校要注重以人为本，关注学生的需求。这意味着教师应将学生的兴趣、需求和发展放在首位，因材施教，为学生提供更贴近他们需求的教育内容。同时，教师应根据学生的不同需求，设计出灵活多样的教学内容，使之既符合社会主义核心价值观的要求，又能满足学生的个性化需求。在此过程中，教师要加强与学生的沟通与互动，及时了解学生的想法和困惑，为学生提供指导和帮助。

（二）创设多元文化平台，激发学生创新潜能

高校要加强文化资源建设，为学生提供丰富多样的创新载体和实践场所，鼓励学生自主开展文化创新活动，培养他们的实践能力和创新精神。

例如，充实图书馆的藏书，注重收藏与传统文化及创新相关的书籍、

资料、文献，使学生在深入研究传统文化的基础上，能够及时了解文化创新的前沿动态；为学生提供丰富多样的实践平台，如设立文化创新工作室、传统文化研究中心等，让学生在实际操作中增加实践经验；定期举办文化讲座、展览、演出等活动，让学生亲身参与，体验传统文化的魅力；加强对教师的培训和引导，提高教师在文化创新方面的理论素养和实践能力，使教师能够更好地指导学生开展文化创新活动；积极探索与企业、科研机构等的合作，为学生提供实践创新的机会，让学生在实际工作中锻炼能力，培养实践精神；设立文化创新奖励制度，对在文化创新活动中表现优异的学生给予奖励和表彰，激发学生的积极性和创造力。

（三）以问题为导向，关注现实生活

高校要引导学生关注现实生活中的问题，发现传统文化在解决现实问题中的价值和作用，为学生提供解决现实问题的思路和方法。

1. 教学内容紧密结合现实生活

教学内容应与学生的现实生活紧密结合，让学生在学习过程中感受到传统文化与现实生活的密切关联。教师要深入了解学生的生活背景和兴趣爱好，以便挖掘与学生生活相关的传统文化资源。例如，了解学生所在地区的历史文化特点，挖掘当地传统文化的故事和习俗，将这些内容融入教学中，让学生在学习过程中感受到传统文化与他们生活的紧密联系。教师要将教学内容与学生所关心的现实问题相结合，让学生在解决问题的过程中感受到传统文化的实际价值。例如，引导学生关注现实中的环保、家庭关系、职业道德等问题，分析传统文化在解决这些问题中的作用，使学生在实际操作中体会到传统文化的力量。可以通过举办各类传统文化活动，如书法比赛、茶道体验、民间艺术展示等，让学生亲身参与，从而激发对传统文化的兴趣。这样的活动可以帮助学生更直观地感受传统文化的魅力，提高他们的学习积极性。

2. 鼓励学生关注社会热点问题

教师要引导学生关注社会热点问题,思考传统文化在解决这些问题中的价值和作用。例如,在环保问题上,教师可以让学生了解传统文化中的"天人合一"理念。这一理念强调人与自然的和谐共生,认为人应该顺应自然、保护自然,从而实现人与自然的共同繁荣。通过学习这一理念,学生可以树立正确的环保观念,更加尊重和保护自然,为实现可持续发展做出贡献。在家庭关系方面,教师可以引导学生学习传统文化中的"孝悌"观念,强调尊敬长辈、关爱兄弟姐妹。通过学习和理解这一观念,学生可以更好地处理家庭关系,从而形成和谐的家庭氛围,为构建和谐社会奠定基础。

3. 发挥传统文化解决问题的作用

教师要充分发挥传统文化在解决现实问题中的作用,将传统文化的智慧和方法运用到现实生活中。例如,在团队协作方面,教师可以借鉴传统文化中的"集体主义"思想,引导学生充分发挥团队的力量。通过学习和实践这一思想,学生能够在团队中发挥积极作用,与他人协同合作,为团队的发展做出贡献。在创新与实践方面,教师可以借鉴传统文化中的"厚德载物"思想,引导学生充分发挥个人潜能,勇于创新,并以此为基础开展各种实践活动,从而使学生不断提升自身素质,为社会发展贡献自己的力量。

4. 培养学生的问题意识

教师在培养学生问题意识方面起到至关重要的作用,要激发学生的好奇心,引导学生关注周围的现实生活中的问题,并鼓励他们勇于提问。在此过程中,教师要给予学生足够的支持和鼓励,让学生感受到积极探索和发现问题的乐趣,引导学生分析问题,培养他们独立思考的能力。例如,可以通过组织课堂讨论、案例分析等教学方式,帮助学生在实际操作中锻炼思考问题和分析问题的能力。

(四)倡导传统文化与现代科技的结合

高校应积极探索传统文化与现代科技相结合的新途径,如利用多媒体教学手段,将文字、图片、音频、视频等多种形式的内容进行结合,呈现出丰富多样的传统文化元素。这样的教学方式可以激发学生的学习兴趣,帮助他们更加深入地理解传统文化。通过线上教学、在线讲座、网络研讨会等方式,教师可以与学生进行有效互动,进一步提高教学效果。例如,利用虚拟现实(VR)和增强现实(AR)等先进技术,为学生创造更为真实、直观的学习环境,使他们更好地体验和感受传统文化的魅力。另外,高校可以通过大数据、人工智能等技术手段,对传统文化进行深入挖掘和研究,为教师提供更为精准的教学资源和素材,进一步提高教学质量。

第三节 "高、实、严、新"的原则

传统文化融入新时代高校思政教育时,要坚持"高、实、严、新"的原则,即站位要高、内容要做实、对大学生要严格要求、要有新举措,如图4-2所示。

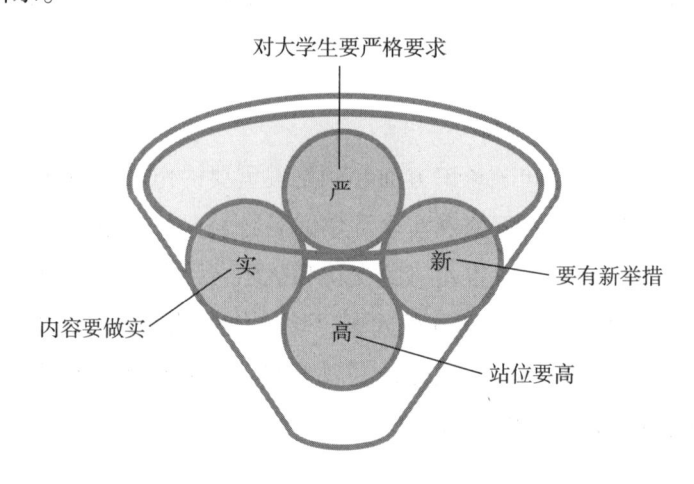

图4-2 传统文化融入新时代高校思政教育的基本原则

一、站位要高

高校应站在更高的视角，从借助中国传统文化进行思政教育的全局出发来审视问题。回顾历史，人类社会的每次进步都始于思想的变革，可以说人类的尊严便源自思想。思政教育的一个核心功能在于它向人们传授正确的思想观念和道德观念。人们接受这些观念后，便能运用它们来武装自己的思想，进而指导自己的实际行动，提高改造世界的能力。大学阶段是学生形成人生观和价值观的关键时期。在这个阶段进行思政教育，有助于学生建立健全人生观和价值观，从而拥有正确的思想观念和道德观念。

思政教育的目标在于培养学生的世界观、人生观和价值观，以引导和帮助学生建立正确的观念。中华优秀传统文化包含了深刻的思想内涵。例如，儒家主张的"以民为本、和为贵"和"仁、义、礼、智、信"的伦理观念；道家倡导的关于处理人与自然关系的"道法自然"思想；墨家提倡的"兼相爱、交相利"的原则等。这些思想观念根植于中华优秀传统文化，无形中塑造着社会公众的核心价值观。这些丰富的道德准则为现代思政教育提供了理论支撑。为了实施适应中国国情的思政教育，高校需要深入挖掘和充分利用中国传统文化中的各种思想，将其融入教育工作的各个环节。

中国传统文化为思政教育提供了丰富的理论宝库。中华民族的思想文化底蕴深厚，包含了各种丰富的哲学观念，为思政教育的开展提供了多样化的选择。古典哲学理论为思政教育提供了抽象的方法指南，有助于明确教育的发展路径和方向；传统文化中"修身齐家治国平天下"的精神价值成为思政教育的核心，凝聚了中国人的道德追求和个人成长的总体原则。从中华优秀传统文化中发掘优秀思想教育资源，寻求合适的思政教育方法，实现古今的共通，既是对传统文化的再创造，也是传统文化在现代社会的具体实践。

二、内容要做实

实质性内容是思政教育的核心，要真正将中国传统文化的精髓融入教育实践。思政教育涵盖了多个方面，如爱国主义、集体主义、道德修养和人生理念等。因此，在内容设计上，思政教育应全面且系统，要深入挖掘"实"的方面。高校需努力构建一个实际有效的思政理论课程体系，使学生在这一体系下能够接触到对他们有益的知识，并从中受益。

将中华传统文化融入思政教育并确保其延续性，需要运用多样化的学习方法和形式。文化学习是一个从抽象到具体的过程，它涉及的并非具体的事物，而更多的是思想、信仰和意识的转变。因此，在学习和实践传统文化时，学生容易陷入形式主义和表面化的现象。穿汉服、练习毛笔字、阅读古籍固然是学习传统文化的形式，但要真正发挥其作用并使其产生有益的效果，还需要从更深刻的层面进行体现。为了实现传统文化和现代教育的融合，高校需要从实际出发，关注实际效果，并在实践活动中着手，可以将优秀传统文化内容纳入高等教育课程体系，将其作为必备教学内容，以传承中华民族传统文化为主线，开设相关的必修课和选修课。同时，要重视优秀教师的选拔和配置，整合相关资源，大力提升教学效果。传统文化至今仍以诸多经典著作、传世典籍和文字资料的形式流传，也有实物形式的文物遗存，如古建筑、遗址、金属、陶瓷、书画等。文字资料相对抽象且枯燥，而文物遗存则形象生动。在传统文化教学中，以文字资料学习为基础，辅以形象具体的物质文化，可以激发学生的学习兴趣，具有实际意义；可以邀请国内相关专家学者、文化名家、博物馆研究员等担任高校传统文化教育的兼职教师，开展中华优秀传统文化理论与实践问题研究。

在构建中国特色社会主义文化的宏大背景下，教师需要从国家和民族发展的角度选取有益的内容继承。例如，可以组织学生参观博物馆、纪念馆、故居旧址和文化馆等；成立以传统文化为主题的社会实践团队，为学生参与优秀传统文化教育实践活动提供新平台；组织学生通过社会活动、志愿服务和公益行为等，增强对中华优秀传统文化的认同和文化自信。高校要从现实需求出发，对传统文化中积极的成分进行现代性的改造，从而为解决当今重大社会问题提供思想方法和历史参考，赋予传统文化新的生命力。这就需要通过实践活动和国家民族建设行为，将经过马克思主义理论洗礼的优秀传统文化融入社会主义先进文化中，使其成为国民价值观和思想意识的重要组成部分。

三、对大学生要严格要求

随着时代的进步，市场经济对思维方式的影响使得许多优秀的道德观念在日常生活中被逐渐忽略甚至遗忘。西方世界有意输出思想理念，导致部分当代青年受到负面影响，表现出以自我为中心和追求即时享乐的行为特征。面对这一思想危机，思政教育必须发挥关键作用，要对广大青少年进行思想教育，帮助他们树立文化自信，坚定理想信念，使他们的思想回归中华民族传统理念，认识并辨析中西方文化差异。思政教育课程的教师是传授者，学生是接受者。教师应通过严谨的教育方式，确保教育成果的实现。可以说，学生是否能接受思政教育的内容和观念，很大程度上取决于教师是否能严格要求他们。中华优秀传统文化孕育了中华民族深厚的人文精神，是具有中华民族特色的珍贵财富，是历代中华儿女不断前进的精神力量。唯有铭记过去，方能开创未来；唯有不忘初心，方能始终前行。

因此，在学习中国传统文化的过程中，每个学生都应有清醒的认识、严格的自律和高度的投入。教师也要对自己有严格要求，因为只有教师的思想觉悟达到一定的高度，思政教育才能取得预期成果。另外，对于思政教育的顶层设计也应设立严格的标准，不能敷衍应付，要设法将理论传授与实践行动相结合，寻找让学生容易接受和理解的方式，如此才能真正实现思政教育的根本目的——立德树人。

四、要有新举措

人们生活在一个快速变化的时代，这就要求高校思政教育必须与时俱进，随着社会发展进行创新。

因此，在日常思政教育工作中，高校应学会从不同角度思考，并设计适应时代发展的教学方法和体系。可以通过加强校园文化氛围营造，实现潜移默化的教育作用。例如，设置专题宣传栏、网络宣传网站等，定期发布相关知识；充分利用网络、广播、社交平台等宣传中华优秀传统文化，通过校内网发布相关报道，或者通过学校官方网站推送传统文化学习内容等；充分调动学校相关团体的力量，通过团委和学生会组织相关活动，如诗词会、朗诵会、故事会等，提高传统文化的普及程度；设立相关社团，如戏曲社、汉学社等，丰富传统文化的传播渠道。

第五章
健全传统文化融入新时代高校思政教育的保障体系

第五章 健全传统文化融入新时代高校思政教育的保障体系

第一节 完善政策与制度保障

健全传统文化融入新时代高校思政教育保障体系，需要完善政策与制度保障。政策与制度保障对于实现传统文化融入新时代高校思政教育的目标具有不可或缺的重要作用。具体如图 5-1 所示。

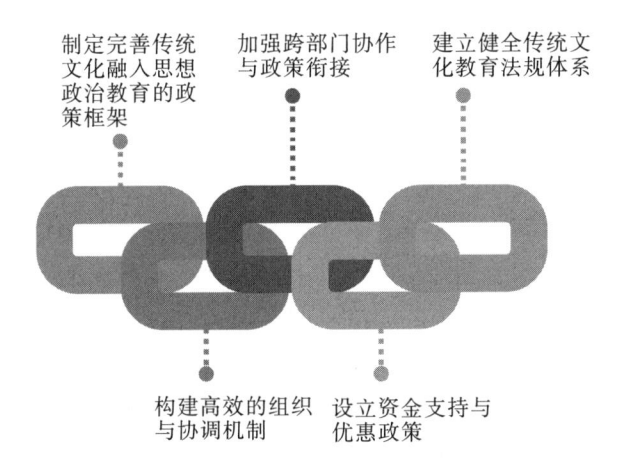

图 5-1 高校传统文化融入思政教育的政策与制度保障

一、制定完善传统文化融入思政教育的政策框架

在新时代背景下，传统文化在思政教育中的作用愈发凸显，充分挖掘和运用传统文化资源，将其融入思政教育，有助于提高思政课程的吸引力和教育效果。因此，制定完善传统文化融入思政教育的政策框架显得尤为重要。

（一）明确指导思想与总体目标

在制定传统文化融入思政教育的政策框架时，应以习近平新时代中国特色社会主义思想为指导,明确传统文化融入思政教育的总体目标,即将传统文化作为思政教育的重要内容,培育具有时代精神、民族精神和创新精神的新时代青年。对传统文化进行学习和实践,有助于学生深刻理解中国传统文化的核心价值观,有助于学生结合新时代的要求,提升自身品质、素养和能力。在这一过程中,学生不仅能深化对社会主义核心价值观的认识,还能培养出对民族文化的热爱和传承意识,为新时代的国家发展和民族复兴贡献智慧和力量。

(二)强化课程建设与教材研发

第一,整合现有课程资源,开展传统文化与思政教育的融合课程改革,强化传统文化在思政课程中的地位和作用。这要求高校深入挖掘传统文化中的优秀元素,将其有机融入思政课程的教学内容中,提高课程的实际效果。同时,教师应加强对传统文化的研究和理解,运用生动的案例和故事,让学生感受到传统文化的魅力和智慧。

第二,组织专家学者研发融合传统文化的思政教材。这些教材应提炼传统文化中的核心价值观,包括民族精神、家国情怀、道德规范等方面,将其与现代社会发展紧密联系起来,引导学生树立正确的世界观、人生观和价值观,使他们深刻理解传统文化在当代社会中的重要意义。教材的设计应注重启发学生的思考,激发他们对传统文化的研究兴趣,鼓励他们在学习过程中发现问题、提出问题、解决问题。这种方式有助于培养学生的创新精神和实践能力,使他们在继承和发扬传统文化的基础上,为实现中华民族伟大复兴贡献力量。

第三,制定相关教学大纲和课程标准。这些大纲和标准应明确传统文化融入思政教育的具体内容、教学目标和评价标准,以便于指导教师进行教学安排。在制定相关教学大纲和课程标准的过程中,要广泛征求教育专家、学者、教师和学生的意见,确保制定出的教学大纲和课程标准能够切实满足学生对传统文化学习的需求,激发他们对传统文化的兴趣和热情。

第五章 健全传统文化融入新时代高校思政教育的保障体系

(三) 优化教学方法与手段

第一,生动、富有趣味的教学方法至关重要。例如,教师可通过案例分析,让学生对实际问题进行讨论,深入了解传统文化的智慧和价值,或者通过角色扮演,让学生身临其境地体验历史人物和事件,从而增强对传统文化的认同感;还可以利用多媒体手段,如影视作品、动画、游戏等,将传统文化以更具吸引力的形式呈现给学生,使他们在轻松愉快的氛围中接受传统文化教育,进一步培养他们的传统文化素养。

第二,创新教学评价体系,将传统文化知识和应用能力纳入评价范畴。首先,在评价标准中加入对传统文化知识掌握程度的考核,以确保学生在学习过程中重视传统文化内容的理解和记忆。其次,引入传统文化应用能力的评价,如通过案例分析等形式,检验学生运用传统文化解决现实问题的能力。最后,鼓励学生在课程论文、报告等方面展示对传统文化的理解和运用,将这些成果作为评价学生综合素质的重要依据。这样的评价体系创新可以促使学生更加关注传统文化的学习和实践,进一步提高他们的传统文化素养。

(四) 拓展校内外实践平台

为了确保传统文化能够有效融入思政教育,制定完善的政策框架应包括拓展校内外实践平台这一重要措施。实践平台的拓展有助于学生更深入地了解传统文化,将所学知识付诸实践,从而增强传统文化在思政教育中的地位和作用。

一方面,高校应加强与文化机构、社会团体和企事业单位的合作,充分利用社会资源,为学生提供丰富的实践机会。这些实践机会可以包括参观博物馆、文化遗址,参加与传统文化相关的讲座和研讨会,以及参与社会实践活动,如制作传统手工艺品、寻找民间艺术等。

另一方面,高校内部要积极开展丰富多样的传统文化实践活动。例如,可以设立以传统文化为主题的学术研究中心,组织学生参与相关研究项目;设立传统文化社团,让学生在日常活动中感受和体验传统文化;开展各类传统文化艺术表演、讲座等活动，提高学生对传统文化的认识和兴趣。

高校还可以通过教师培训、课程设置等途径，推动传统文化与思政教育的深度融合。例如，对教师进行传统文化知识和教学方法的培训，提高教师在思政课堂上融入传统文化的能力；在课程设置上，将传统文化知识与思政教育内容相结合，为学生提供更加丰富的学习资源。

（五）加强政策监督与评估

1. 设立专门的机构或部门进行监督

为确保传统文化融入思政教育的政策框架得以有效实施，高校应设立专门的机构或部门来负责相关政策的执行与监督工作。这有助于保障各项措施的落实，提高传统文化在思政教育中的地位和作用。设立专门机构或部门可以统筹规划和协调传统文化融入思政教育的各项工作。这些工作包括课程开发、教材编写、教师培训、实践活动组织等，要统一管理和协调，确保传统文化在思政教育中的全面融入。专门机构或部门可以定期对传统文化融入思政教育的政策执行情况进行检查与评估，如对教学过程、实践活动、教师培训等方面进行监督，发现其中存在的问题并及时进行整改，确保政策落实的质量和效果。

2. 建立完善的政策评估体系

首先，建立政策评估体系需要明确评估目标和指标。评估目标应聚焦于传统文化在思政教育中的地位和作用，包括学生的知识掌握程度、价值观培养、实践能力提升等方面。具体指标可从教学内容、教学方法、学生反馈、实践活动等多个维度来衡量。其次，设立专门的评估团队，负责定期收集、整理和分析相关数据。评估团队可包括学校管理层、教师代表、学生代表和专家学者等，以确保评估的全面性和客观性；也可采用问卷调查、座谈会、教学观摩等多种方式收集评估信息。再次，评估结果应作为政策调整和完善的依据。可以根据评估发现的问题和不足，及时调整政策导向，修订教学大纲和课程标准，优化教学方法和实践活动，提高教师培

第五章 健全传统文化融入新时代高校思政教育的保障体系

训质量；也可以鼓励教师和学生提出建设性意见和建议，充分发挥他们在政策完善过程中的主体作用。最后，不断优化政策评估体系。随着传统文化融入思政教育的实践不断发展，评估体系也需要与时俱进，适应新的需求和挑战。例如，加强对评估方法的研究，引入更多科学、有效的评价工具，提高评估的精确性和可操作性。

3. 建立信息反馈机制

（1）设立专门的信息收集平台。高校可以设立专门的信息收集平台，如网站、邮箱、意见箱等，方便教师、学生和社会各界提供有关传统文化融入思政教育的意见和建议。这些平台应保持开放、透明，并定期更新，以鼓励更多人参与信息反馈。

（2）制定信息反馈流程。为确保信息反馈的及时性和有效性，高校应制定详细的信息反馈流程，明确信息收集、整理、分析和处理的责任部门与人员。高校应为信息反馈提供必要的支持和保障，包括提供人力、物力和财力等资源。

（3）关注信息反馈的质量与效果。信息反馈的质量直接关系到政策完善的效果，因此高校应重视对信息反馈的质量把控和效果评估。例如，深入分析收集到的意见和建议，找出问题的根本原因，提出具体、可行的解决方案。

（4）以信息反馈为依据进行政策调整。信息反馈应作为政策调整的重要依据。高校应根据反馈信息，对传统文化融入思政教育的政策进行调整和优化，以提高政策的针对性和实施效果。

二、构建高效的组织与协调机制

高校思政教育的核心任务之一就是传承和弘扬优秀的传统文化，将传统文化融入现代化的思政教育中。为了做好这项工作，需要构建一个高效的组织与协调机制，以确保传统文化教育的有序开展和有效推进。下面列举一些具体的措施。

（一）建立高效的领导机制

为了更好地推进传统文化融入新时代高校思政教育的进程，高校应当构建高效的组织与协调机制。例如，设立专项工作组，由思政教育部门牵头，吸纳多学科专家和相关部门人员，共同制订传统文化教育的实施大纲，确保传统文化教育能够顺利地融入思政教育中；加强对教师的传统文化教育培训，提高他们的文化素养和传统文化知识储备。

（二）加强课程建设

传统文化课程是传承和弘扬传统文化的重要途径，高校需要建立完善的传统文化课程体系和教学标准。高校应明确传统文化课程的定位和目标，结合学科特点和学生需求，确立具体的课程体系和教学大纲。在传统文化课程的设计和编写中，高校要注重内容的创新和更新，使其符合时代需求和学生兴趣；可考虑将传统文化与现代文明进行结合，使学生能够将传统文化与现代社会联系起来，理解其现实意义和价值。

（三）建立传统文化研究中心

高校应建立传统文化研究中心，为传统文化教育提供理论支持和研究成果，也为高校教师和学生提供进行研究和学术交流的平台。

三、加强跨部门协作与政策衔接

为了更好地传承和弘扬传统文化，高校需要加强跨部门协作，实现政策衔接，使传统文化与新时代思想观念相互融合，为思政教育提供有力支持。

（一）加强跨部门协作

加强跨部门协作的重要性在于它能够推动传统文化更好地融入高校思政教育，实现多方共赢。在这个过程中，各个部门需共同努力，发挥各自的优势，形成合力。加强跨部门协作的意义如下。

1. 资源整合

跨部门协作有助于实现各部门资源的优化配置和整合。教育、文化、科技和新闻出版等部门在资源、技术、人才等方面拥有各自的优势，可通过协作实现资源共享，提高资源利用率。

2. 政策协同

跨部门协作可以促进政策制定的协同和协调，各部门在制定政策时，可以充分沟通、协调，避免政策重复或相互冲突，形成政策合力。另外，协同制定政策还有助于提高政策的针对性和实效性。

3. 创新推动

跨部门协作有助于促进创新。各部门可以在传统文化研究、传播、保护等方面进行合作，发掘传统文化中的创新元素，为新时代高校思政教育提供更多的创新资源，共同推动传统文化的创新发展。

4. 范围拓展

跨部门协作可以拓展传统文化在高校思政教育中的应用范围。各部门共同努力可以将传统文化融入各个学科领域，提高学生对传统文化的全面认识和理解，从而更好地将传统文化与新时代思想观念相结合。

（二）加强政策衔接

加强政策衔接是传统文化融入新时代高校思政教育的关键。政策的横向衔接和纵向衔接，共同为传统文化在高校思政教育中的发展提供坚实基础。

首先，横向衔接是各部门在政策制定过程中的协调与整合。这要求各部门在制定政策时充分沟通、协调，这有助于实现各部门资源的优化配置和整合，避免资源浪费，提高资源利用效率。横向衔接有助于减少政策之间的冲突，确保各部门政策的实施效果不受到其他政策的干扰。

其次，纵向衔接是政策在时间、空间和层级上的连续性。纵向衔接有助于保持政策的稳定性，可以避免因频繁调整政策而给高校教育工作带来不必要的困扰。纵向衔接有助于确保政策的长期性，使政策能够在较长的时间内有效发挥作用；有助于提高政策在不同时间、空间和层级上的适应性，使政策能够根据实际情况及时调整，更好地满足高校教育工作的需要。

四、设立资金支持与优惠政策

（一）设立资金支持

1. 国家层面

国家设立专门的传统文化教育基金，对于支持高校开展传统文化教育工作具有积极意义。这种专项资金可为高校传统文化教育的发展提供有力保障，促进传统文化在新时代高校思政教育中的融合与传承。

首先，专项资金可以用于开发传统文化课程。为了让更多学生了解和接触传统文化，高校需要不断更新和完善传统文化课程体系。国家提供的资金支持可以用于聘请专业人士进行课程设计、编写教材、开发多媒体教学资源等，以提高课程的质量和吸引力。其次，专项资金可以用于培训教师。传统文化教育需要有一支熟悉传统文化的教师队伍。国家提供的资金支持可以帮助高校组织教师参加传统文化学术研讨会、专题讲座和实地考察等活动，提升教师的专业素养和教学能力。再次，专项资金可以用于购置教学资源。为了丰富传统文化教育的内容，高校需要购置一定数量的教学资源，如古籍、传统工艺品等。国家提供的资金支持有助于高校建立丰富的传统文化教学资源库，满足教学需求。最后，专项资金可以用于举办相关活动。为了激发学生对传统文化的兴趣，高校可以借助国家资金举办各类传统文化活动，如学术讲座、展览、演出、实践体验等。这些活动有助于拓宽学生的视野，增强他们对传统文化的认同感和自豪感。

第五章　健全传统文化融入新时代高校思政教育的保障体系

2. 地方层面

地方政府也应设立传统文化教育专项资金，支持本地高校开展传统文化教育工作。地方政府可以依据本地的文化资源，为高校提供经费支持，使高校能够充分挖掘和利用本地的文化遗产。这有助于培养学生对本地传统文化的热爱和认同感，也能增加高校间的文化交流与合作。例如，可以根据本地高校的实际情况，为其提供定制化的资金支持，包括资助开展特色课程、推广传统文化实践活动、邀请专家学者进行交流等；可以通过资金支持，促进高校与本地文化机构、企业和社区的合作，帮助高校拓展教育资源，为学生提供丰富的实践机会；可以设立奖励机制，激励高校积极参与传统文化教育工作，如设立传统文化教育成果奖、优秀教师奖等，以表彰在传统文化教育方面取得突出成果的高校和教师。

3. 高校层面

高校可以通过社会筹款的方式筹集资金。例如，高校可以与企业、社会团体和个人进行合作，共同捐款设立传统文化教育基金。这种方式可以发挥社会力量，为传统文化教育提供更多资源支持。通过合作，各方可以共享资源、经验和技术，提高资金的使用效益，从而实现共同发展。高校还可以将部分学术和科研经费划拨至传统文化教育基金，以确保资金的稳定性和可持续性，加快推进传统文化教育现代化建设。

（二）设立优惠政策

1. 人才培养

政府可以设立专门的奖学金项目，鼓励和支持想从事传统文化教育工作的学生。这种奖学金项目可以涵盖本科、硕士和博士层次的学生，以激发他们对传统文化教育的热情和投入。例如，可以为从事传统文化教育的专业人才提供培训补贴，用于支持人才参加各类培训、研讨会和学术交流活动，提高他们的专业素养和教育能力；还可以为从事传统文化教育的专业人才提供其他优惠政策，如住房补贴、税收减免等，以改善他们的生活和工作条件,这有助于增强专业人才的职业稳定性和忠诚度,保障传统文化教育事业的可持续发展。

2.合作与交流

政府可以设立专项经费,支持高校组织国际传统文化教育交流活动,如讲座、研讨会、展览等,扩大我国传统文化在国与国之间的传播,增强与其他国家和地区的文化互动与交流。例如,可以为高校与国际合作伙伴开展传统文化教育合作项目提供资助,促使高校与国际伙伴共同研究、交流和传播传统文化,提高传统文化教育的水平和影响力;也可以为高校师生参加国际传统文化教育交流项目提供补贴,鼓励更多师生积极参与国际交流,拓宽视野,提高自身专业素养。

五、建立健全传统文化教育法规体系

(一)制定传统文化教育法律法规

为了规范和保障传统文化教育的开展,政府应制定具有针对性和指导性的法律法规,明确传统文化教育的基本原则、目标、内容、实施方式等方面的要求,为传统文化教育提供法律依据。

首先,政府应明确传统文化教育的基本原则,包括坚持正确的政治方向,积极弘扬中华优秀传统文化,继承和发扬中华民族的优良传统,践行社会主义核心价值观,激发民族自豪感和认同感。要因地制宜,综合运用各种教育方式和手段,确保传统文化教育的普及和深入。

其次,政府应明确传统文化教育的目标,通过教育引导学生深入学习传统文化,形成正确的历史观、民族观和文化观,树立民族自尊心和自信心,为构建社会主义现代化国家提供有力的人才支撑。

再次,政府应明确传统文化教育的内容,包括但不限于历史、文学、艺术、哲学、道德伦理等领域,以及与现代社会需求相结合的新时代文化。内容设置要体现民族特色,突出时代特点,注重实际应用,既有理论性又有实践性。

最后，政府应明确传统文化教育的实施方式，设置必修课程、选修课程、特色课程等，形成多层次、多领域的课程体系；鼓励开展丰富多样的校园文化活动，如讲座、展览、演出等，以便学生全面接触和了解传统文化；加强对传统文化教育的政策支持、资金投入和师资培训，提高教育质量，推动传统文化教育的健康发展。

（二）强化法规的执行力度

制定法律法规仅是第一步，关键在于执行。政府应加强对法律法规的监督与检查，建立专门的传统文化教育监督机构，负责对高校的传统文化教育工作进行监督、检查和评估。监督机构要定期对高校的传统文化教育进行检查，评估其合规性、有效性和实际成果。应主动公开传统文化教育法规的相关信息，让广大师生、家长和社会各界了解法规内容，提高公众对法规的认知度和遵从度。对于违反传统文化教育法规的行为，政府应依法进行查处。查处过程要公正、公开、透明，确保法律法规的权威性和严肃性。对于违规者，应依法给予相应的行政处罚或者法律责任。政府应明确各级教育行政部门、高校和个人在传统文化教育中的责任，确保各方履行职责。对于未履行职责的部门和个人，要严肃问责，防止法规形同虚设。政府还应组织宣传和培训活动，提高教师和社会公众对传统文化教育法规的认识和理解。通过培训，教师能够了解法规要求，掌握正确的教育方法，确保传统文化教育的规范开展。

（三）与现行教育法律法规相衔接

在制定传统文化教育法律法规前，要进行充分的调研，了解现有教育法律法规的内容、特点和实施情况，确保新制定的法规能够与现行法规协同配合，形成有效衔接。在制定传统文化教育法律法规时，要明确其在整个教育法规体系中的定位，确保新制定的法规不与现有法规重复或相互冲突。例如，可以将传统文化教育作为现有教育法规的一个重要组成部分，进行有针对性的补充和完善。传统文化教育法规应关注传统文化教育领域的特点和需求，对现有教育法规中未涉及或不够详细的部分进行补充和完善，如明确传统文化教育的目标、内容、方式等方面的具体要求，以及相关支持政策和保障措施。在制定过程中，要加强与现有教育法规的协同，确保新制定的传统文化教育法规能够与现行法规互补，共同推动教育事业的发展。在现有教育法规的框架下，应增加传统文化教育的相关条款，以实现法规的有机整合。与此同时，要关注现有教育法规的实施情况，确保法规体系的稳定和持续发展。

（四）加强立法与实践的互动

政府应通过调查研究、实地考察等方式，深入了解高校、企业、社会组织等在传统文化教育方面的实践情况，及时掌握行业动态和最新发展，及时总结各类实践经验，分析成功案例和失败原因，为完善法规提供有益借鉴。政府可以定期举办座谈会，邀请高校、企业、社会组织等传统文化教育的实践者分享经验，为立法工作提供参考；或者鼓励各方积极参与传统文化教育立法过程，为立法提供实践经验和建议。例如，通过征求意见稿、专家咨询会等形式，广泛收集各方面的意见；或者成立由高校、企业、社会组织等各方代表组成的专项立法小组，共同研究制定和完善传统文化教育法规的方法。

（五）提高公众法律意识

在提高公众对传统文化教育法律法规的认识和理解方面，政府可以采取以下措施。

（1）宣传普及。政府可通过各类媒体，如电视、广播、报纸、网络等，宣传传统文化教育法律法规，普及相关知识，让公众更好地了解法规内容和要求。

（2）举办讲座。政府可定期在社区、学校等公共场所举办法律讲座，邀请法律专家和传统文化领域的专业人士为公众讲解法规，提高公众的法律意识。

（3）制作宣传资料。政府可制作法律法规宣传册、海报等宣传资料，

第五章　健全传统文化融入新时代高校思政教育的保障体系

通过邮局、社区、学校等途径发放，方便公众随时查阅和学习。

（4）开展法治教育。政府应加强对学生的法治教育，将传统文化教育法律法规纳入教学内容，培养学生的法治意识，使其从小树立尊重和支持传统文化教育的观念。

（5）搭建互动平台。政府可建立专门的传统文化教育法律法规互动平台，提供在线咨询、答疑解惑等服务，帮助公众解决实际问题。

第二节　打造高水平的师资队伍

为了使传统文化更好地融入新时代高校思政教育，打造高水平的师资队伍至关重要。可采取的有效措施如图5-2所示。

01　提高教师的政治素质和思想道德水平

02　培养具有专业背景的传统文化教育教师

03　引进优秀的海外师资

04　营造鼓励创新的教学氛围

05　促进师资队伍的年轻化和多元化

图5-2　打造高水平师资队伍的措施

一、提高教师的政治素质和思想道德水平

（一）加强师德培训，树立教师的责任意识和使命感

高校应定期举办师德培训班，以提高教师对教育伦理、教育心理、传统文化价值观等方面的认识和理解。培训内容应紧密结合传统文化融入思政教育的实际需求。在招聘、评优、晋升等方面，应强化师德要求，选拔和培养具有高度责任感和使命感的教师，鼓励教师之间进行沟通和交流，分享教育经验和心得，共同探讨如何更好地将传统文化融入思政教育。

（二）定期组织政治学习，提升教师的政治觉悟

高校应确立科学合理的政治学习目标，确保教师定期参加学习活动，掌握新时代政治理论和政策法规。例如，采用讲座、研讨会、在线学习等多种形式，帮助教师全面、深入地学习政治理论知识；鼓励教师关注时事政治，分析政策背景，提高教师对国家政策和社会发展的敏感性和认识；引导教师将政治学习与教学实践相结合，将所学政治理论知识运用到思政教育课堂，提高教学质量；设立专门的教师政治学习督导机制，对教师的学习过程进行跟踪和指导，确保学习效果达到预期。

二、培养具有专业背景的传统文化教育教师

（一）在师范院校设置传统文化教育专业，培养专门从事传统文化教育的教师

为了更好地将传统文化融入新时代高校思政教育，师范院校应当设立传统文化教育专业，培养具备专业素质的传统文化教育教师。要建立一个完善的传统文化教育课程体系，涵盖传统文化基础知识、传统文化教育理论与实践以及思政教育方法等课程；注重实践教学环节的开展，如开设传统文化教育实习和实践活动，使学生能够在实际教学环境中运用所学知

识。为了提供高质量的教育教学保障，师范院校还应吸引和培养一批具备丰富教育经验和学术水平的传统文化教育教师，与其他相关专业进行交叉合作，拓宽学生的知识视野，培养具有多元素养的复合型人才。

（二）为现有教师提供专业培训，提高其在传统文化教育方面的专业素质

政府和教育部门应高度重视传统文化教育的专业培训工作，明确培训目标、内容和要求，确保培训工作的针对性和实效性。与此同时，高校也应积极响应政策要求，支持和推动教师参加相关培训，提升教师的专业素质。

在培训内容上，应注重传统文化的基础知识、教育方法和现代思政教育理念的融合。通过深入学习传统文化的精华，教师能够更好地将传统文化教育与现代思政教育相结合，培养学生的文化自觉和民族自豪感。培训过程中应关注教育实践，引导教师将所学知识应用于实际教学中，以提高教学质量。高校还可以采取多种形式和途径，如邀请知名专家与学者进行授课、组织教师参加研讨会、开展国际交流等，拓宽教师的知识视野，提升教师在传统文化教育领域的专业素质。

为了保证培训质量，政府和教育部门应建立严格的培训师资选拔机制，对培训效果进行定期评估，激励教师不断提升自身在传统文化教育方面的专业素质。

除此之外，政府和社会各界也应给予教师在传统文化教育方面的工作以足够的关注和支持。例如，为参加培训的教师提供一定的补助，奖励在传统文化教育方面取得优秀成果的教师等，从而激发教师的工作积极性和创新能力。

三、引进优秀的海外师资

（一）与国外优秀高校和研究机构建立合作关系，引进优秀的海外师资

高校应积极开展国际交流与合作，与世界各地具有传统文化教育研究实力的高校和研究机构建立长期稳定的合作关系。通过互访、研讨会、联合课题等形式，共享资源、交流经验，共同推动传统文化教育的发展。

引进优秀的海外师资，既能为我国高校带来国际视野、前沿理念和教学方法，也有助于培养具备全球竞争力的人才。为了吸引海外优秀师资，高校应提供具有竞争力的薪酬待遇、科研条件和生活保障，为教师提供宽松的学术氛围和充分的自主权。

一方面，高校应与国外机构积极合作，如开展师资培训、教育研究、课程开发等方面的合作，引进海外优秀教育理念和教学方法，促进传统文化教育的创新和发展。在引进海外师资的过程中，高校应注重师资的多样性，充分挖掘和利用海外师资的特长和优势。同时，应充分尊重和理解不同国家和地区的优秀师资的文化背景和教育传统，创造良好的工作环境，让这些优秀教师更好地发挥专业特长。

另一方面，高校应鼓励国内教师与引进的海外师资展开深入的学术交流与合作，携手共建传统文化教育课程体系。通过交流合作，国内教师可以学习国际先进的教育理念和教学方法，提升自身的专业水平，为传统文化教育融入新时代高校思政教育做出更大的贡献。

（二）提供优厚的待遇和良好的工作环境，吸引海外人才加入传统文化教育队伍

为了提高传统文化教育的质量和水平，吸引海外人才加入传统文化教育队伍，高校应提供优厚的待遇和良好的工作环境。例如，通过提高海外人才的工资水平、提供丰厚的科研经费支持与优惠的住房政策等手段，激发海外人才回国投身传统文化教育事业的积极性和动力；创建宽松的学术氛围，充分尊重海外人才的学术自由，为他们提供广阔的发展空间；加强基础设施建设，为海外人才提供现代化的办公条件和教学资源，并为他们提供专业的职业发展支持；建立健全职业发展规划和培训体系，帮助海外人才提升自身能力，实现个人价值；为海外人才提供更多的晋升机会和管理岗位，让他们在传统文化教育领域发挥更大的作用。

为了吸引更多海外人才回国，政府和社会各界也应给予支持。政府可以出台针对海外人才的优惠政策，如减免个人所得税、简化回国手续等，让他们感受到国家的关怀与重视；社会各界应关注海外人才在传统文化教育领域的贡献，为他们创造良好的舆论环境。

四、营造鼓励创新的教学氛围

（一）鼓励教师进行教学方法和手段的创新，提高教学质量

高校应创造有利于教师创新的环境。例如，通过提供科研经费支持、设立教育创新奖励机制等措施，激励教师积极尝试新的教学方法和手段。高校管理层应给予教师充分的信任与支持，为他们提供宽松的教育创新氛围；鼓励教师进行跨学科、跨领域的学术交流与合作，以拓宽教育视野，丰富教学内容；关注教师在教学过程中遇到的问题，以解决实际困难为切入点，鼓励教师开展教学改革。针对传统文化教育中较抽象和难以理解的内容，教师可以尝试引入现代教育技术，如多媒体教学、虚拟现实、网络教学等，将传统文化知识以更为生动、形象的方式呈现给学生，提高教学效果。同时，高校应倡导教师关注学生的个性化需求，推进以学生为本的教学模式，鼓励教师采用讨论课、小组研讨、个案分析等多元化的教学方式，调动学生的主动性和参与度，培养他们的思辨能力、创新能力及跨文化交流能力，使其更好地传承和弘扬传统文化。

（二）设立教学成果奖，表彰取得突出成果的教师

高校应设立教学成果奖，明确奖励的具体标准与条件，使之成为教师

追求卓越的目标。奖励标准应涵盖教学创新、教学质量、学术研究等多个方面，以全面评价教师在传统文化教育中的表现。奖励的设立应具有一定的激励力度，包括经济奖励、荣誉称号、晋升机会等，以充分体现对优秀教师的肯定和鼓励。应建立严谨、公正的评选机制，确保教学成果奖的公平性和权威性。评选过程可以采取专家评审、同行评议、学生评价等多种方式，充分听取各方意见，客观评价教师的教学水平。应注重评选结果的透明度和公开性，让教师及时了解自己在传统文化教育方面的表现和改进空间。同时，高校应关注教学成果奖的影响力，将其作为展示学校教育品质的重要窗口，通过新闻媒体、校园网站等渠道，及时发布获奖教师的信息，传播他们在传统文化教育方面的优秀成果；鼓励获奖教师与其他教师分享教学经验、教育理念，共同提升整个教育团队的传统文化教育水平；定期举办教育论坛、研讨会等活动，为教师提供展示自己教学成果的平台，激发他们对传统文化教育的热情。

五、促进师资队伍的年轻化和多元化

（一）优化招聘政策，吸引更多年轻人才加入传统文化教育队伍

吸引更多年轻人才加入传统文化教育队伍，有助于引入新思想、新观念和新技术，推动传统文化教育的创新发展。下面是笔者的一些建议。

1. 制定明确的招聘标准

高校在招聘传统文化教育人才时，应做到以下几点：充分考虑应聘者的特点和需求，明确招聘标准，对应聘者的学历背景和专业方向进行筛选，确保招聘到具备相关学术素养和专业知识的人才；关注应聘者的教育理念，重视对传统文化的认识和传承意识；选拔那些具有创新精神、尊重传统文化的应聘者；对应聘者的教学能力和沟通表达能力进行评估，通过笔试、试讲等方式，全面了解应聘者的教学方法、组织协调能力以及与学生互动的能力。

2. 强化宣传推广

高校在招聘传统文化教育人才时，应通过多种渠道，加大对传统文化教育岗位的宣传力度。这有助于提高年轻人对传统文化教育工作的了解和兴趣，从而吸引更多优秀人才加入该领域。在招聘网站和社交媒体上发布详细的招聘信息和岗位介绍时，应突出传统文化教育岗位的特点和优势，使应聘者能够充分了解这一领域的工作内容和要求。可以利用校内媒体、校友网络等资源，加强对传统文化教育岗位的推广；或者通过举办讲座、座谈会等形式，邀请行业专家、优秀教师分享经验，提高年轻人对传统文化教育的认识和兴趣。

3. 提供职业发展机会

高校在招聘年轻教师后，应为他们提供良好的职业发展机会，从而激发年轻教师在传统文化教育领域的职业发展热情。首先，高校可以为年轻教师提供专业培训，帮助他们提高教育教学能力，掌握先进的教育理念和教学方法。这样不仅有助于提高教学质量，还能增强年轻教师的职业信心。其次，高校可以为年轻教师提供国际合作的机会，让他们有机会参与国际项目、出访海外高校等，以提升他们的国际视野和跨文化沟通能力。

（二）注重培养和引进具有不同背景和特长的教师，提高教师队伍的多样性

多样性的教师队伍可以为学生提供更丰富的教育资源，促进不同观点和经验的交流，有助于培养具有全球视野和创新精神的人才。

高校应在招聘教师时关注候选人的教育背景和专业领域，力求在不同学科和专业之间取得平衡。这样可以确保学生接触到各领域的知识和教育资源，有利于学生形成正确的世界观、人生观和价值观。高校应重视教师的地域、民族、性别等多元化背景，以培养具有包容性和多元文化素养的学生；或者关注教师的个人特长和兴趣，鼓励他们将自己的特长融入教学实践，提高教学质量。例如，具有艺术特长的教师可以将艺术元素融入思政教育课程，将传统文化知识以更加生动的形象呈现给学生。另外，高校

应开展跨学科研究项目，鼓励教师在不同领域寻求合作和交流；定期组织多样化教育培训和研讨会，使教师了解并运用多样化教育理念和方法。

第三节　优化育人评价体系

一个科学、合理的评价体系能够引导教师和学生关注传统文化的价值，从而提升教学质量，培养具备全球视野和创新精神的人才。优化育人评价体系的要点如图 5-3 所示。

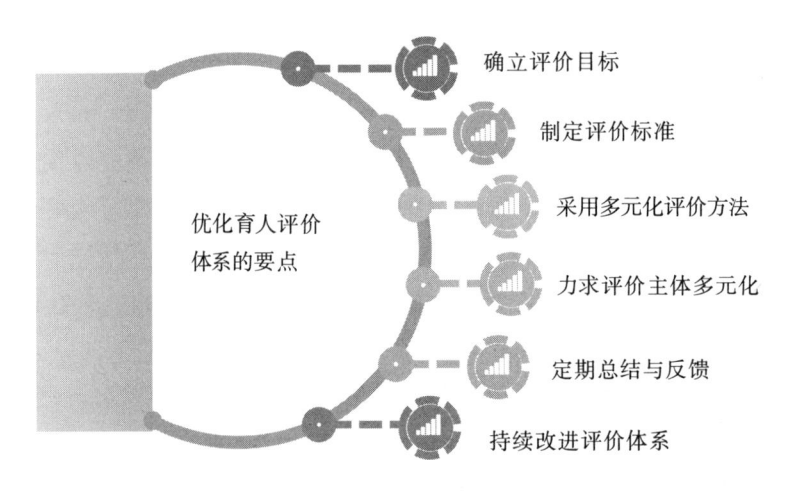

优化育人评价体系的要点：
- 确立评价目标
- 制定评价标准
- 采用多元化评价方法
- 力求评价主体多元化
- 定期总结与反馈
- 持续改进评价体系

图 5-3　优化育人评价体系的要点

一、确立评价目标

为实现全面、立体的育人效果，评价体系应确立明确的目标，具体如下。

第五章 健全传统文化融入新时代高校思政教育的保障体系

（一）培养学生的传统文化素养

传统文化是民族精神的体现，高校应关注学生对传统文化的认知和理解。可以通过教学、实践活动等多种形式，帮助学生深入了解国家的历史、文化等方面的丰富内涵，提高他们的文化素养，使其树立正确的民族自尊心和民族自豪感。

（二）培养学生的道德品质

高校应重视培养学生的道德品质，引导他们树立正确的道德观念，形成良好的品格和行为习惯。可以通过课程设置、思想教育、实践活动等多种手段，培养学生的责任意识、诚信意识、公民意识等，使他们在成长过程中形成健康的价值观。

（三）培养学生的创新能力

高校应关注学生的创新能力，鼓励他们敢于尝试、勇于创新。可以开展创新竞赛等活动，培养学生独立思考、解决问题的能力，为社会发展提供源源不断的创造力。

（四）培养学生的团队协作能力

高校应注重培养学生的团队协作能力，让他们学会在团队中发挥自己的优势，克服弱点，共同完成任务。可以通过团队项目、社团活动、志愿服务等途径，帮助学生在实践中提高沟通、协调、合作的能力，为以后的职业生涯打下坚实基础。

（五）以学生发展为核心

高校应把学生的全面发展作为评价体系的核心目标，关注学生的身心健康、人际关系、生活能力等方面的发展。可以通过多元化的评价方式，激发学生的学习兴趣，培养他们的自主学习能力，提升其综合素质。

二、制定评价标准

评价标准应具体、明确,涵盖知识、能力、素质等多方面。几个主要的评价标准如下。

(一)知识掌握程度

评价学生对传统文化知识的掌握情况,包括历史、文化、哲学、艺术等方面的知识。通过测试、论文、报告等方式,了解学生对相关知识的理解和运用能力,使评价结果更为客观、全面。

(二)传统文化认同感

第一,关注学生对传统价值观的理解和认同,通过课堂讨论、布置作文或设计调查问卷等方式,了解学生对传统道德观念、家庭伦理、社会责任等方面的认识,观察他们在日常生活中是否能够践行这些价值观。第二,关注学生对民族文化的自豪感,让学生深入了解民族文化的丰富内涵和独特魅力。第三,鼓励学生在校园文化活动中展示和传承民族文化,培养他们对民族文化的自豪感和传承意识。第四,通过评价学生在传统文化教育中的表现,了解他们对传统文化的认同程度。例如,观察学生在参加传统文化活动时的积极性、倾听学生在课堂讨论中的发言内容等,以全面评估他们对传统文化的认同感。

(三)社会实践能力

评价学生将传统文化知识运用到实际生活中的能力。通过组织实践活动、志愿服务等,观察学生在实际操作中的表现,评价他们的团队协作、沟通、组织等能力。例如,在实践活动中,学生可能需要运用传统文化知识完成一项任务或解决一个问题。教师可以从他们的解决方案、团队合作精神、与他人沟通交流的能力等方面对学生的表现进行评价。这样既能了解学生对传统文化知识的掌握程度,又能观察他们在实际生活中运用这些知识的能力。

（四）创新思维能力

评价学生在传统文化教育中的创新思维能力。教师应鼓励学生在研究、探讨传统文化时，充分发挥想象力和创造力，提出独到见解。具体来说，可以通过创新项目、课题研究、竞赛等方式，评价学生的创新能力。例如，在课堂上，教师可以设计一些创新性的课题或问题，要求学生从不同角度进行分析和探讨。同时，学生可以参加校内或校外的与传统文化相关的竞赛，展示他们在传统文化研究中的独特见解和创新成果。在这个过程中，教师应鼓励学生敢于挑战权威、质疑传统，提倡自由、平等、开放的学术氛围。通过这些活动，学生不仅能够更深入地了解和掌握传统文化知识，还可以锻炼自己的创新思维能力和批判性思考能力，为未来的学术研究和职业发展奠定坚实基础。

（五）道德品质

评价学生在传统文化教育过程中道德品质的培养情况。教师可以根据学生在课堂、团队活动以及社会实践中的表现，给予客观、公正的评价，及时发现学生在道德品质方面的不足，并有针对性地进行教育引导，帮助学生在传统文化教育中全面提升自己的道德品质。

（六）个性特长

评价体系在关注学生整体发展的同时，应充分重视学生的个性特长和潜力。在学习传统文化的过程中，教师应引导学生发掘自己的兴趣爱好，挖掘潜在的才能，并充分发挥这些特长。为了实现学生的个性化发展，教师可以为学生提供多样化的学习资源和活动，以满足不同学生的需求。例如，通过课堂教学、课外活动、实践项目等多种形式，帮助学生在传统文化学习中找到适合自己的发展方向。

需要注意的是，教师评价时应关注学生在特定领域的发展成果，为学生提供充分的支持与鼓励，激发学生的自信心和积极性，使他们在传统文化教育中取得更好的成果，实现个性化发展。

（七）教师教学质量

评价教师在传统文化教育中的教学质量，包括教学内容、教学方法、教学效果等方面。通过学生评价、同行评价、专家评价等多种途径，全面了解教师在传统文化教育中的表现，为教师提供改进教学的建议。

（八）教育环境与资源

评价高校在传统文化教育方面提供的环境与资源，如图书馆藏书、教育设施等。关注这些资源在推动传统文化教育发展中的作用，为高校提供改进教育资源的建议。例如，确保图书馆藏书丰富、内容全面，涵盖各个传统文化领域的知识体系；提供适宜的教学环境和设备，以支持传统文化教育的开展；定期举办讲座、研讨会等活动，促进师生间的学术交流和合作；提供足够的资金和资源，鼓励教师和学生进行传统文化研究。

三、采用多元化评价方法

高校应采用多种评价方法，对学生的课堂表现、作业、考试成绩、实践活动表现等进行评价，要避免单一评价方法的局限性。

课堂表现是衡量学生参与度和积极性的重要指标。通过观察学生在课堂上提问、发言、讨论等方面的表现，教师可以了解学生对传统文化知识的理解程度和思考深度，也能观察到他们的沟通、协作、批判性思维等能力。作业是评价学生对所学知识的掌握和应用能力的重要手段。通过布置不同类型的作业，如论文、报告、小组项目等，教师可以全面了解学生在传统文化教育方面的知识储备和分析能力，培养学生的自主学习、独立思考和时间管理等能力。考试是对学生知识掌握程度的直接检验。教师可以设置涉及传统文化知识的试题，通过考试成绩客观地评估学生对传统文化知识的掌握程度。可设置不同形式的考试题目，如选择题、简答题、论述题等，全面了解学生的知识掌握情况。实践活动是学生将所学知识应用于实际情境的重要途径。通过组织各类实践活动，如实地考察、志愿服务、校园文化活动等，教师可以观察学生在实际操作中的表现，评价他们的团队协作与组织等能力，培养学生的社会责任感和公民素养。

四、力求评价主体多元化

（一）教师参与评价

鼓励教师参与评价体系的制定与实施，是提高评价针对性和有效性的关键。教师是教育一线的实践者，他们对学生的学习状况和需求有着深刻的了解，让教师参与评价体系的建设，可以确保评价内容与教学实际相结合，从而更好地促进学生的发展。

教师可以根据自己的教学经验，对评价体系中的评价目标、标准、方法等提出具体的建议，使评价体系更加贴近教学实际。例如，从不同学科、领域的角度，提出多元化的评价建议，增加评价体系的多样性和全面性。

教师可以根据评价体系要求，调整教学内容和方法，确保教学活动与评价目标相符。例如，组织和引导学生参与课堂讨论、作业、考试等评价环节，确保评价的顺利进行。

教师可以通过参与评价体系的实施，提高自身的教育教学能力。例如，对学生的表现进行观察、分析和总结，更深入地了解学生的需求、特点和问题，从而调整教学策略，更好地满足学生的发展需求。

（二）学生自我评价

要引导学生进行自我评价，培养学生的自主学习能力和自我监督意识。进行自我评价时，学生需要深入地反思自己在知识掌握、技能运用、学习态度等方面的表现，从而更加明确自己的优势和不足。这种自我认知能力对于学生在学习过程中找准定位并调整学习策略至关重要。通过自我评价，学生能够时刻关注自己的学习进度和问题，形成自我监督的习惯。自我评价能够提高学生的目标意识，在自我评价过程中，学生需要明确学习目标，并根据评价结果进行调整。这有助于学生树立远大的理想，激发内在的学习动力，形成持续不断的进步意识。

（三）同伴互评

在同伴互评过程中，学生需要认真审视他人的作品或表现，然后给出建设性意见和建议。这有利于学生更加了解彼此的学术水平、思维方式和知识结构，培养他们的同理心和关爱他人的品质。互评也能够让学生认识到团队中每个成员的价值，提高他们在团队合作中的积极性和责任感。学生要用恰当的方式表达自己的意见，确保自己的观点能够被他人理解和接受。通过相互学习，学生能够加深对彼此的了解，有助于形成良好的学习氛围。

（四）家长参与评价

高校可以邀请家长参与学生的评价过程，共同推动学生的成长和发展。家长参与评价过程能够让他们更加了解学生在学校的表现和学习情况，及时发现学生在学习、生活等方面的问题，从而更好地指导学生，提供适当的教育和支持。家长的参与还有助于学校更好地了解学生的家庭背景和成长环境，使教育工作更加贴近学生的实际需求。同时，家长的意见和建议能为学校的教育改革和教学管理提供有益参考，提高教育质量。总之，家长与学校应共同关注学生的学习过程，鼓励他们独立思考、自主学习，使其形成良好的学习习惯，提高自我监控能力。

（五）社会评价

社会实践和实习活动能够帮助学生将课堂知识与现实生活相结合，检验他们在实际环境中运用知识和技能的能力。引入社会评价可以让学生直接面对各种现实挑战，提高他们的适应能力和抗压能力。在实际环境中，学生需要学会与不同背景的人沟通、协作，培养团队精神和社会责任感。社会评价可以借助企业、机构等社会力量，为学生提供更多的实践机会和资源，拓宽学生的视野，增强他们的实践能力和创新精神。

第五章　健全传统文化融入新时代高校思政教育的保障体系

五、定期总结与反馈

高校应定期总结与反馈评价结果，然后分析评价结果，并及时调整教学策略和方法。通过总结与反馈，教师可以深入了解学生的学习状况，从而找出教学过程中可能存在的问题，有针对性地调整教学内容和方法，更好地满足学生的需求。例如，针对学生在传统文化教育中的认同感、道德品质等方面的不足，教师可以尝试采用新的教学手段，如案例分析、角色扮演等，以激发学生的兴趣，提高其学习积极性。此外，学生可以通过了解自己的评价结果，发现自己的长处和不足，从而制定有针对性的学习目标。需要注意的是，在进行总结与反馈的过程中，高校应注重对教师的培训和指导，可以组织专业培训、经验交流等活动，帮助教师提高教育教学水平；或者借鉴其他优秀高校的评价经验，为教师提供新的教育思路和方法。

六、持续改进评价体系

（一）动态调整评价标准

随着社会的快速发展和教育需求的多样化，评价体系在传统文化融入新时代高校思政教育中扮演着举足轻重的角色。为了保持评价体系的有效性和适应性，评价标准需要具备一定的灵活性。高校应密切关注国家政策的变化，及时调整评价标准，使其符合新的政策导向。政策的调整往往会影响教育资源的分配、课程设置和教育理念，高校应将这些因素纳入评价体系，确保评价与国家政策保持同步。教育理念的更新与发展也需要评价标准的相应调整。例如，在新时代高校思政教育中，注重学生全面发展的素质教育理念越来越受到重视。高校应将此理念融入评价体系，关注学生在道德品质、创新能力、团队协作等方面的表现，然后根据不同学科的特点，制定有针对性的评价标准。

（二）关注评价结果的应用

高校要将评价结果应用于教学改进、课程设置、教师培训等方面，以提高教育质量。例如，根据评价结果优化教学资源配置，确保教育资源更加高效地服务于教学过程；根据评价数据对课程体系进行调整，强化传统文化教育中的重点内容和核心能力培养；根据学生的兴趣和特长开设新的课程，激发学生的学习热情，提高教育质量；关注评价结果中对教师教学水平的反映，针对存在的不足开展专业培训和学术交流活动，提高教师的教育教学能力；鼓励教师学习先进的教育理念和方法，以适应传统文化融入新时代高校思政教育的需求。

（三）增强评价过程的透明度

高校要确保评价过程公平、公正、公开，让学生、家长和社会了解评价标准和方法，提高评价的公信力。例如，将评价标准和方法向学生、家长和社会公开，接受各方的监督和建议；定期发布评价结果，让各方了解学生在传统文化教育方面的表现和进步，以增强评价的公信力。对于评价过程中出现的问题和不公现象，高校应严肃处理，确保评价的公正性。另外，高校应鼓励学生、家长、教师和社会各方积极参与评价过程，提出意见和建议，以提高评价的有效性。

（四）建立定期反馈机制

高校应定期对评价体系进行总结和反馈，这是提高教育质量的重要环节，有助于促进教师和学生的发展。具体措施如下。

第一，设立专门的评价小组，负责收集和整理教师、学生、家长等各方的反馈意见。通过问卷调查、座谈会、在线平台等多种方式，了解各方对评价体系的看法和建议，为后续改进提供有益参考。

第二，对评价体系进行定期检查和评估，分析评价结果。高校应关注评价体系在实际操作中是否存在偏颇、不公等问题，及时进行调整和完善。同时，高校应检查评价标准和方法是否与教育目标、学科特点相适应，以确保评价体系的有效性。

第三，将评价反馈应用于教学改进。根据评价结果，高校应调整课程设置、教学方法和资源配置等，满足学生的学习需求，并对教师进行专业培训和指导，帮助他们提升教学水平和能力。

第四，加强评价体系与教育改革的衔接。高校应将评价体系改进与教育改革相结合，充分发挥评价在推动教育改革中的引导作用。例如，关注国家政策、教育理念、社会需求等因素的变化，适时调整评价体系。

（五）关注技术在评价体系中的应用

利用现代信息技术，如大数据、人工智能等，提高评价的效率和准确性。大数据技术可以帮助教师收集和整理大量学生的学习数据，如考试成绩、作业表现、课堂参与度等。通过对这些数据进行深入挖掘和分析，教师可以更全面地了解学生的学习状况，找出他们的优势和不足，为后续教学改革提供依据。例如，教师可以利用人工智能系统检测学生对某一知识点的掌握程度，然后针对不同学生制定不同的教学方案，提高教学的针对性和有效性。

第六章
传统文化融入新时代高校思政教育的路径研究

第六章　传统文化融入新时代高校思政教育的路径研究

第一节　更新高校人才培养理念

更新高校人才培养理念能够使传统文化更好地融入高校思政教育，培养具备全球视野、跨学科能力和创新精神的人才。这有助于增强学生的文化自觉和文化自信，强化道德品质和社会责任感，从而培养出更具综合素质和国际竞争力的高素质人才，为国家和民族的繁荣发展贡献力量。更新高校人才培养理念的要点如图6-1所示。

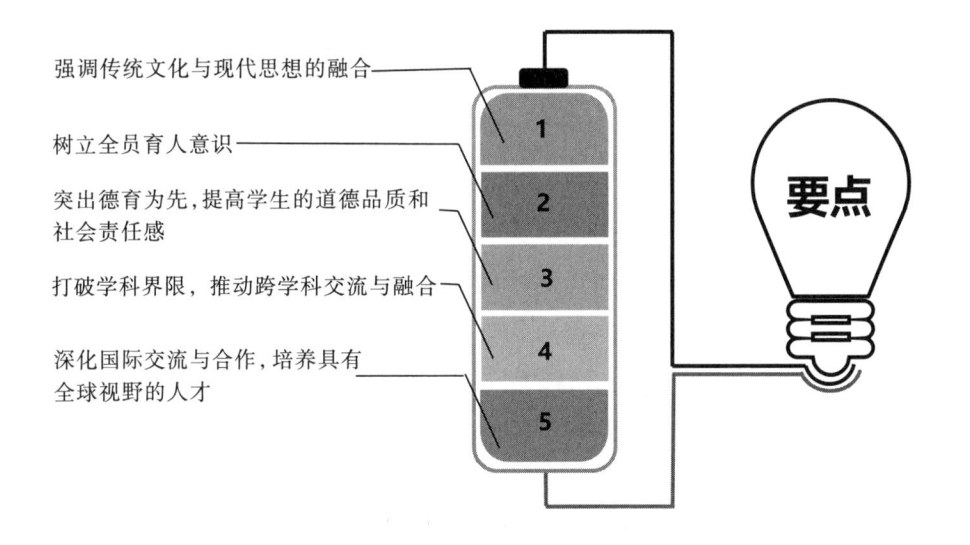

图6-1　更新高校人才培养理念的要点

一、强调传统文化与现代思想的融合

在全球化背景下，高校应当注重培养具有深厚传统文化底蕴和现代思维能力的人才，以适应时代发展的需要。

（一）传统文化与现代思想融合的意义

1. 传承民族文化

传统文化作为民族的根本，凝聚着一个民族的智慧、精神和魂魄。它包括丰富的历史传承、哲学思想、文学作品和艺术成就，是一个民族独特的文化基因。将传统文化融入新时代高校思政教育，有助于学生深入了解本民族的优秀传统和典范，培养对民族文化的认同感和自豪感。

在全球化的大背景下，民族文化认同感和自豪感对于增强民族凝聚力具有重要意义。面对世界各民族文化的交流与碰撞，强烈的民族自豪感能使学生在全球竞争中更有信心地展现本民族的优秀品质。通过传统文化教育，学生能够认识到民族的发展是一种文化传承和创新的过程，从而为民族的发展和繁荣贡献自己的力量。

2. 提升综合素质

传统文化包含世代相传的道德观念、价值观和人文精神，这些深厚的文化底蕴对于塑造个体的精神世界具有重要作用。将传统文化与现代思想融合，不仅可以帮助学生在道德品质方面取得提升，还能够丰富他们的思想内涵，使其形成独特的人格魅力。

在新时代高校思政教育中，将传统文化与现代思想进行融合，可以培养学生的创新能力和团队协作精神。面对快速变化的社会环境，学生需要具备适应性和创新能力，以应对未来的挑战，团队协作精神就有助于学生更好地融入社会，发挥自己的优势，从而推动社会发展。

3. 促进文化交流

目前，国际交流与合作日益频繁，不同文化之间的碰撞与交流成为常态。将传统文化与现代思想融合，有助于学生在继承和弘扬本民族文化的同时拓展国际视野，更好地理解其他文化，从而增强跨文化沟通能力。

4. 拓展知识领域

传统文化与现代思想的融合，为学生提供了一个更广泛的知识体系，使他们能够在不同文化和学科领域中汲取营养。这种融合让学生在了解本民族文化的基础上，接触到现代思想的新成果，有效拓宽了知识视野。

在多元文化的背景下，学生能够对各种文化传统和价值观保持开放和包容的态度，更好地理解世界文化的多样性。通过传统文化与现代思想的融合，学生可以在多个领域建立知识体系，提高跨学科整合和创新能力。这将使他们在未来的学术和职业生涯中具备更强的竞争力，为社会的进步和发展贡献自己的力量。

（二）传统文化与现代思想融合过程中面临的挑战与机遇

在传统文化与现代思想融合的过程中，高校面临着诸多挑战。首先，如何在课程设置、教学内容和方法等方面平衡传统文化与现代思想的关系，是高校教育改革的重要课题；其次，传统文化的传承与创新需要教师具备一定的专业素养和教学经验，这对教师队伍的建设提出了新的要求；最后，传统文化与现代思想的融合要求学生具备跨文化交流能力和创新精神，而这需要在教育实践中培养。

与此同时，新时代高校思政教育正面临着前所未有的改革机遇。首先，国家对高等教育的投入不断增加，为传统文化与现代思想融合提供了有力的资源支持；其次，信息技术的飞速发展为传统文化的传播和研究提供了新的途径和手段；最后，全球化趋势下，国际文化交流为传统文化与现代思想的融合创造了有利条件。

为促进传统文化与现代思想的融合，许多高校已经开始在教育实践中进行探索。例如，通过调整课程设置，加强传统文化知识的教学；采用现代教育技术和手段，创新教学方法，激发学生对传统文化的兴趣；组织丰富多样的实践活动，让学生在实际操作中体验传统文化的魅力，提高他们对传统文化价值的认识和理解。

二、树立全员育人意识

教育的本质在于培养人，而培养人的关键是德育。德育涵盖诸多层面，如塑造健全的人格、提升道德品质、确立正确的价值观等。将中国传统文化融入高校思政教育不仅是一项繁重的任务，更是一项系统性的工程，需要各方积极参与、共同管理。因此，只有树立全员育人的理念，才能确保传统文化充分利用各种手段和途径融入高校思政教育。

（一）全员育人的内涵

全员育人的内涵是多元且丰富的，涉及多方面的参与、多种手段的实施和多层次的合作。全员育人可以更好地培养学生的综合素质和能力，为学生的未来发展奠定坚实基础。

1. 育人的多维性

全员育人不仅包括知识传授，还包括思想启迪、道德培养、文化传承等多个方面。育人的目的不仅是让学生掌握知识，更重要的是帮助他们建立正确的价值观、塑造健全的人格和增强文化素养。

2. 全员参与

全员育人强调高校内部所有成员的共同参与，管理育人、思想育人、文化育人、教书育人、服务育人等方面的实施，需要高校所有成员共同努力。

3. 社会一体化

全员育人不仅局限于高校内部，而是要将家庭、社会以及学生自身等全部纳入育人体系，形成一个更大的育人网络。高校应树立广义上的全员育人观念，将整个社会作为育人的舞台，让家庭、社会机构等各方共同参与。

4.多元化的育人手段

全员育人要求在育人过程中采取多元化的手段,包括课堂教学、实践活动、文化活动、社会实践等,让学生在不同场景中得到全面的成长。

5.深度合作与互动

全员育人要求高校与家庭、社会等其他育人主体深度合作,共同参与学生的成长过程,建立良好的互动机制,以实现学生的全面发展。

6.动态调整与反馈

全员育人需要高校对育人过程进行持续的监测和反馈,及时发现问题并进行调整,以提高育人的效果和质量。

(二)全员育人的意义

1.全员育人是大学生社会化的要求

大学毕业后,很大一部分学生会踏入社会,开始自己的职业生涯,因此学生在校内应当学得适应社会所需的专业技能和基本素质。这些技能和素质不仅可以通过在校期间的学习和各类书籍资料获取,还可以从教师的教导和榜样行为中吸取,以及通过参加丰富多样的专业实习、实践活动来培养。基于此,在高等教育的基础上,应充分发挥家庭和社会资源的潜能和作用,形成正向的协同效应,推动高校全员育人朝着社会方向深度发展。

2.全员育人是社会发展的必然趋势

为适应新形势,高校育人必须与全球化、网络化、信息化和数据化的发展保持同步。这就要求高校以开放的心态审视全员育人问题。在全球范围内,各国都非常重视在育人过程中强调学校、家庭和社会的共同参与,关注非学校因素对育人工作的影响,并鼓励社区、媒体以及社会机构参与高校育人工作。

三、突出德育为先，提高学生的道德品质和社会责任感

德育为先意味着高校教育需要将学生的道德品质培养放在首位。在思政教育过程中，要注重传统文化的融入，引导学生正确理解和领悟道德观念和价值观。传统文化中的诸多智慧，如儒家、道家、佛家等学说，为学生提供了丰富的道德教育资源。通过学习和领悟这些思想，学生能够树立正确的道德观和价值观，成长为具有良好品德的公民。在高校思政教育中，教师应以身作则，将道德教育贯穿于课堂教学、实践活动和日常生活中。课堂教学不仅仅是传授知识的过程，更是培养学生道德品质的过程。教师要通过讲授传统文化中的道德观念，引导学生思考和实践，培养他们的道德判断能力和道德行为习惯。

强调德育为先，除关注学生的道德品质培养之外，还体现在培养学生的社会责任感。在新时代背景下，高校思政教育应充分挖掘传统文化中的家国情怀和民族精神，引导学生关注国家和民族的命运，使他们不仅关注个人的发展，还要具有强烈的社会责任感。在课程设置上，要加强对中国传统文化的学习，让学生深入了解中华优秀传统文化，增强民族自豪感。高校要积极开展主题教育，如爱国主义教育、法治教育等，使学生在参与活动中深化对国家和民族发展的认识，培养他们的社会责任感。在此基础上，高校可以组织各种志愿服务和社会实践活动，让学生在实际行动中践行社会责任，为国家和民族的发展贡献自己的力量。

四、打破学科界限，推动跨学科交流与融合

传统文化融入新时代高校思政教育人才培养理念，需要打破学科界限，推动跨学科交流与融合。这样的教育理念有利于培养具有创新精神、综合素质和国际视野的人才，为国家和社会的发展贡献力量。下面是对这一理念的具体论述。

第六章　传统文化融入新时代高校思政教育的路径研究

(一) 鼓励跨学科的课程设置和教学方法

高校应积极打破学科壁垒，鼓励各学科之间的交流与合作，以推动课程设置的多元化。这样的做法有利于培养学生的跨学科知识体系和思维方式，也有助于激发学生的创新意识。例如，将传统文化与现代科技相结合的课程，能够让学生在学习过程中领略到中华优秀传统文化与现代科技的完美融合，从而拓宽学生的知识视野，激发他们的创新思维，培养具有全球视野的复合型人才。在课程设计上，教师可以针对传统文化和现代科技的结合点，设计跨学科的课程内容，使学生在学习过程中能够深入理解传统文化的精神内涵，学习现代科技的前沿知识。在教学方法上，教师可以采用案例分析、团队合作、实践探究等多元化的教学手段，引导学生深入思考，激发他们的创新潜能。

(二) 促进跨学科的科研与实践

高校应鼓励学生参与跨学科的科研项目和实践活动。例如，组织学生研究中国传统文化在现代社会的价值与应用，这类科研项目不仅能够拓宽学生的知识视野，还有助于提高他们的综合素质和解决问题的能力。通过参与跨学科的科研项目，学生可以在实践中深入了解不同学科之间的联系，从而更好地理解和把握各学科的内在联系和规律。此外，研究中国传统文化在现代社会的价值与应用，可以帮助学生发现传统文化中蕴含的智慧，并将其与现代科技相结合，创造性地解决现实问题。

(三) 建立跨学科的学术交流平台

高校应当设立专门的跨学科的学术交流平台，以促进学生和教师之间的跨学科交流与合作。例如，通过设立学术论坛、举办研讨会等，为学生和教师提供一个平等、开放的环境，使他们可以自由地探讨问题、分享成果，激发创新思维和学术研究的热情。这样的学术交流平台有助于打破学科壁垒，促进不同学科之间的相互融合，为高校培养跨学科人才创造有利条件。在这个平台上，学生可以接触来自不同领域的知识体系，拓宽视野，提高综合素质；教师可以借此机会学习其他学科的新动态，为自己的教学和研究工作提供新的视角和灵感。

（四）设立跨学科的实验室和研究中心

设立跨学科的实验室和研究中心有助于培养学生跨学科思维的能力。通过参与跨学科项目，学生知道如何在团队中发挥自己的专业优势并学习其他领域的知识，从而具备更好的适应能力，为未来的职业发展奠定基础。

（五）举办跨学科的创新创业竞赛

创新创业竞赛可以让学生在实际项目中应用所学的理论知识，进一步提高解决问题的能力。在竞赛过程中，学生需要与来自不同学科背景的团队成员密切合作，共同研究、讨论并解决问题。这种合作有助于培养学生的沟通能力和团队协作精神，帮助学生拓展人际关系网络，这对于他们在未来职业生涯中建立良好的社交网络具有积极意义。

（六）提倡跨学科的课外活动

高校应鼓励学生积极参加各类跨学科的课外活动，如学术讲座、文化沙龙等，以拓展学生的知识领域，帮助学生提高综合素质。同时，这种跨学科的交流可以激发学生的思维活力，促使他们从不同角度思考问题，培养创新能力，有利于他们在未来的工作和生活中更好地适应多样化的环境。

（七）完善跨学科的评价体系

高校应建立完善的跨学科评价体系，对学生的综合素质、创新能力、跨学科素养等方面进行全面评价。完善的跨学科评价体系可以让学生意识到学科之间的相互联系，激发他们对学科的兴趣和热情，增强他们解决现实问题的能力。此外，评价体系可以促使高校在教学过程中更加重视跨学科的融合和创新，从而使教师在设计课程、教学计划时，自然地考虑到跨学科的内容，推动教育教学改革。

五、深化国际交流与合作，培养具有全球视野的人才

在全球化的背景下，拥有国际化视野的人才已成为各国追求的目标，具备国际化视野有助于学生在国际舞台上发挥自己的优势，为国家和社会做出更大的贡献。

在各学科教育中，高校应融入传统文化元素，使学生在掌握专业知识的同时，深入了解中国传统文化的精髓，感受中华文化的博大精深。这有助于增强学生的文化自觉和文化自信，使他们在国际交流中能更自信地展示中华文化魅力。融入传统文化的教育不仅能帮助学生建立正确的价值观，还能拓展他们的视野，使他们能够从中华文化的角度洞察世界，洞悉国际社会的发展趋势。

（一）积极开展国际交流与合作

高校应与全球各地的高校和研究机构建立紧密合作关系，为学生提供更多的留学与合作研究等机会，有效推动学生的国际交流与合作。这些世界范围内的交流活动有助于拓宽学生的视野，也有助于学生深入了解世界各地的文化、经济、社会发展状况，提高自身在国际舞台上的竞争力和影响力。

（二）加强外语教育，提高学生的外语水平

在全球化日益发展的今天，高校应当将外语教育与专业教育相结合，强调外语学习在学生综合素质培养中的重要地位，可以设置外语专业研讨课、外语写作课等，让学生在学习外语的过程中更好地了解外国文化，提高他们在专业领域的外语应用能力。

（三）重视跨文化教育

为了使学生更加尊重和理解世界各国文化，高校应该积极举办各类跨

文化活动，让学生在轻松愉快的氛围中了解不同文化背景下的价值观和生活方式。这有助于提高学生在国际交流中的包容性和互动能力，增强他们的跨文化素养。

高校可以通过举办国际文化节、民族文化节等活动，帮助学生深入了解世界各国的文化特色。这些活动通常包括展览、表演、讲座等，学生可以在参与过程中直观地感受到不同国家和民族的文化魅力。此外，跨文化沙龙也是一个有效的方式，高校可以邀请外籍教师、留学生、国际友人等与学生互动，通过设置不同的主题，如国际文化差异、跨文化沟通技巧等，帮助学生提高跨文化理解和交流能力。

第二节　完善家校社协同育人机制

家庭、学校和社会是学生成长的三大环境，这三者的紧密合作可以为学生提供更为丰富多元的成长空间。完善家校社协同育人机制的要点如图6-2所示。

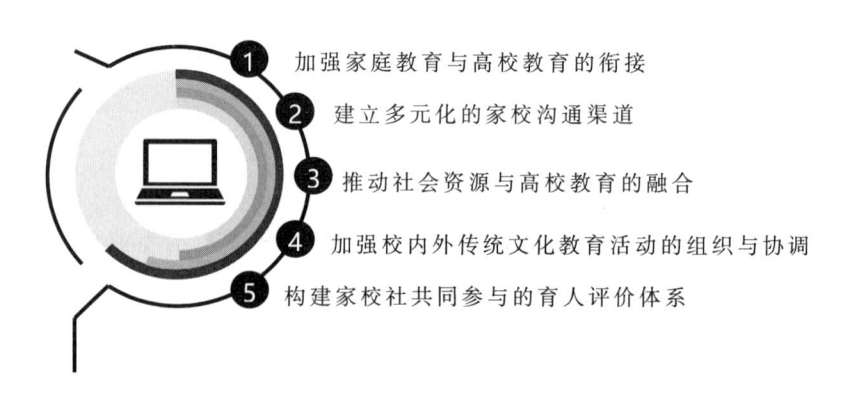

1. 加强家庭教育与高校教育的衔接
2. 建立多元化的家校沟通渠道
3. 推动社会资源与高校教育的融合
4. 加强校内外传统文化教育活动的组织与协调
5. 构建家校社共同参与的育人评价体系

图 6-2　完善家校社协同育人机制的要点

第六章　传统文化融入新时代高校思政教育的路径研究

一、加强家庭教育与高校教育的衔接

家庭教育是学生成长过程中的重要基石，高校教育则在培养学生专业技能和综合素质方面发挥重要作用。为了更好地将传统文化融入新时代高校思政教育，应加强家庭教育与高校教育的衔接，使家庭教育的优势得以延伸到高校教育中。家庭应当积极参与高校教育活动。例如，家长可以参加高校组织的传统文化讲座、实践活动等，与学生共同学习传统文化知识，增进家庭成员之间的感情；或者为学生提供家庭传统文化资源，如书籍、影视作品、传统工艺品等，让学生在家庭环境中感受传统文化的魅力。在课程设置和教学内容中，高校应注重将家庭教育中的优秀传统文化纳入教学体系，引导学生将在家庭中学到的传统文化知识与高校课程相结合，实现家庭教育与高校教育的有机衔接，从而使学生更好地适应新时代的社会发展。

二、建立多元化的家校沟通渠道

（一）创新家校沟通方式

高校可以通过开展家长开放日、家长座谈会等活动，帮助家长更好地了解学校的教学环境、教育理念和学生的学习生活。家长开放日应该定期举行，邀请家长参观学校的教学设施、实验室、图书馆等，让家长亲身体验学生在校的学习环境。在家长座谈会上，高校可以邀请教师、家长、学生共同对传统文化融入新时代高校思政教育的话题进行深入交流，共同探讨如何更好地推动家校社协同育人。高校还可以借助网络平台，如微信群、校内论坛等，实现家长、学生和教师的实时互动。例如，在微信群中，教师可以分享课程进度、学生表现、学校活动等信息，家长则可以随时了解孩子的学习情况，并向教师提出疑问和建议。

（二）定期组织家长教育培训

高校可定期邀请家长参加家长教育培训，让家长了解传统文化的价值及其在新时代高校思政教育中的应用。通过举办讲座、研讨会等活动，邀请专家学者向家长普及传统文化知识，分享传统文化在教育中的实践经验，同时让家长了解教育方法和技巧，提高家庭教育的质量。培训内容可以包括如何引导学生学习和欣赏传统文化、如何将传统文化融入日常教育、如何激发学生对传统文化的兴趣等。高校还可以通过培训促进家长之间的交流，让他们分享自己在家庭教育中的经验和心得，与家长共同探讨如何更好地将传统文化融入家庭教育。这样的互动有助于家长相互学习、相互支持，共同提高家庭教育的水平。

（三）完善家长志愿者工作

高校可设立家长志愿者制度，鼓励家长参与学校的教育教学活动。这样的制度既有助于家长更加了解学校的教育理念和实际操作，也能让他们更积极地参与传统文化教育，从而提高教育质量。

家长志愿者可以参与课堂教学（以旁听的形式），了解高校将传统文化融入课堂教学的过程。通过旁听，家长可以提出意见和建议，帮助高校改进教学方法，使教育更具针对性和实效性。家长志愿者还可以协助开展家校合作项目，如支持传统文化研究课题、协助组织传统文化实践活动等。这些项目有助于加强学生对传统文化的实践体验，培养他们的传统文化素养。

（四）建立家长参与制度

通过家长参与制度，高校可以了解家长对于传统文化教育的期望和需求，以便在课程设置时更好地将传统文化教育与现代教育相结合，提高教育质量。

在教学改革方面，家长的参与有助于高校更好地理解家庭教育环境和家长教育观念，从而制定更符合实际的教育改革策略。家长可以为高校提供宝贵的教育实践经验，帮助高校在教学过程中更好地融入传统文化元素。

在学生管理方面，家长的参与可提高学生对家校共同管理的认同感，促使他们更加珍视和尊重传统文化教育。家长可以在学生管理中发挥独特的作用，如协助高校了解学生的个性特点、需求和困难，从而采取针对性的教育措施。

家长参与制度的实施有助于增进家庭教育与学校教育的联系，形成家校共同参与、共同育人的格局。这有利于传统文化教育在新时代高校思政教育中发挥更大的作用，培养具有传统文化素养、道德品质和创新精神的新一代人才。

三、推动社会资源与高校教育的融合

（一）建立产学研一体化合作模式

高校应积极与企业、研究机构等社会资源建立产学研一体化合作模式，即高校、企业和研究机构共同参与教育实践，共享资源，实现互利共赢。

通过产学研一体化合作模式，高校可以借助企业和研究机构的技术优势、专业知识和实践经验，将传统文化与现代科技、管理等领域相结合，为学生提供更丰富、更实际的教育资源。这样的教育资源不仅有助于学生系统地掌握专业知识，还能让他们深入了解传统文化在实际应用中的价值，培养他们的创新能力和实践能力。产学研一体化合作模式还能提高高校教育的社会适应性和针对性。企业和研究机构通常具有更强的市场敏感性和实际操作能力，能够及时发现和把握行业发展趋势。通过与这些单位合作，高校教育教学能够更贴近社会需求，更有针对性地培养学生的传统文化素养。

（二）深化校企合作

高校应与企业建立长期、稳定的校企合作关系，促使企业为高校教育提供支持与帮助。例如，企业可以为高校提供与传统文化相关的实习、实训基地，让学生有机会深入了解和体验传统文化产业的运作。这种实习和实训机会可以帮助学生将理论知识与实际应用相结合，提高他们的实践能力和综合素质。企业可以向高校提供资金支持、设备捐赠等，以提升高校教育的硬件条件，为传统文化教育创造更好的环境。这种支持有助于高校建立更加完善的教育设施，如传统文化实验室、展示馆等，为学生提供更为丰富的教育资源。同时，高校与企业的紧密合作还可以让企业更好地了解高校的教育需求，进而为高校提供更为精准的支持。企业可以根据高校的需求，提供专业培训、课题研究等服务，以提高高校在传统文化教育领域的教学质量；也可以通过与高校的合作，加强自身对传统文化的了解和运用。

（三）加强与文化机构的合作

高校应与博物馆、图书馆、文化馆等文化机构建立紧密合作关系，共同推动传统文化融入高校思政教育。这些文化机构通常拥有丰富的传统文化资源，如文物、古籍、艺术品等，高校可以充分利用这些资源，举办文化讲座、展览、实地考察等活动，让学生深入了解和体验传统文化，感受中华文明的博大精深。另外，高校可以将社会实践活动与文化机构合作相结合。学生可以在文化机构中参与志愿服务、实习实践等活动，加深对传统文化的理解和体验，培养跨学科、跨领域的综合素养。高校与文化机构的紧密合作可以促进双方资源共享，提高文化资源利用效率。例如，高校可以将文化机构的资源引入课堂教学，为学生提供生动、形象的教学案例；文化机构可以借助高校的专业知识，提升自身的研究水平和展览质量。

（四）利用社会力量支持传统文化教育

高校应积极争取社会各界对传统文化教育的支持，以促进传统文化在思政教育中的传承与发展。例如，高校可以邀请企业家、知名文化人等为学校捐赠传统文化教育资料、资金、设备等，以提升高校传统文化教育的条件和水平；或者与非政府组织、民间团体、社区等合作，共同开展传统文化教育活动。这种合作可以帮助高校拓宽传统文化教育渠道，将校内教育与社会实践相结合，提高学生对传统文化的认识和体验。例如，高校可以组织学生参加非遗传承、民间艺术表演、传统技艺体验等活动，让学生在实践中感受传统文化的魅力。这有利于培养具有传统文化素养、具备创新精神和实践能力的现代人才，为新时代的国家发展做出贡献。

四、加强校内外传统文化教育活动的组织与协调

（一）设立专门的负责传统文化教育的组织

高校应设立专门的负责传统文化教育的组织，如传统文化研究中心或传统文化俱乐部等。这些组织在高校内承担着重要的角色，主要对校内外传统文化教育活动进行统筹规划，确保活动的高效实施。例如，策划文化讲座、展览、实践活动等，以及邀请专家学者、艺术家等参与，共同推动传统文化教育的深入发展；或者对教师和学生进行传统文化教育的培训，提高教师和学生的传统文化素养，为传统文化教育活动提供有力的人才保障等。

（二）制订丰富多样的传统文化教育活动计划

高校应结合本校特点，制订丰富多样的传统文化教育活动计划。例如，可以举办传统节日庆祝活动、非物质文化遗产展示活动、传统艺术表演活动等，还可以举办讲座帮助学生深入了解传统文化。

（三）充分利用现代信息技术

高校应充分利用现代信息技术扩大传统文化教育活动的传播与影响。可以通过搭建校内在线教育平台，开设传统文化相关课程，让学生随时随地了解和学习传统文化。这种线上学习方式不仅能够节省时间和空间，还可以使学生根据自己的需求和进度进行个性化学习。通过在线平台，高校可以邀请国内外知名专家或学者进行网络授课，为学生提供更高质量的教育资源；也可以利用社交媒体宣传校内外传统文化教育活动，吸引更多学生参与。例如，可以在微博、微信、抖音等平台发布活动信息、分享活动照片和视频等，让学生更直观地了解活动的内容和意义。

五、构建家校社共同参与的育人评价体系

传统文化融入新时代高校思政教育的路径中，构建家校社共同参与的育人评价体系尤为重要。这种评价体系旨在打破传统的单一评价方式，实现多元化、全面性的评价，更好地推动传统文化融入高校思政教育，提升学生的综合素质和文化素养。

（一）构建多元化的评价指标体系

1. 知识与技能

评价学生在传统文化知识、技能掌握和运用方面的表现，如古文阅读、书法、国画等。

2. 情感态度

评价学生对传统文化的认同、尊重和热爱程度，以及他们在日常生活中对传统文化价值观的践行能力。

3. 创新能力

评价学生在传统文化领域的创新思维、创造性成果等。

4.实践与服务

评价学生参与传统文化社会实践、志愿服务等活动的积极性和成果。

（二）家庭、学校和社会共同参与评价

1.家庭评价

家长对学生在家庭生活中传统文化素养的表现进行评价，如家风传承、家庭礼仪等。

2.学校评价

教师对学生在课堂学习、课外活动等方面的传统文化表现进行评价，如作业、考试、参加校内外传统文化活动的情况等。

3.社会评价

社会各界对学生参与社会实践、志愿服务等活动中的传统文化素养进行评价。

（三）构建多元化的评价方法

1.过程性评价

注重学生在学习过程中的态度与表现，如课堂讨论、小组合作、作品展示等。

2.结果性评价

关注学生的学术成果和实践成果，如论文、项目、竞赛等。

3.互动性评价

鼓励学生、家长、教师之间进行相互评价，如学生同伴互评、家长互评、教师互评等。

（四）完善评价反馈与改进机制

1. 反馈机制

及时将评价结果反馈给学生、家长、教师和社会各界，以便各方了解学生在传统文化教育方面的优势和不足。

2. 改进机制

根据评价结果，学校、家庭和社会应共同制定相应的教育改进措施，对学生在传统文化教育方面的不足进行有针对性的辅导和培养。

3. 持续跟踪与评估

对学生在传统文化教育方面的表现进行持续跟踪与评估，确保教育改进措施能够有效实施，并不断优化和完善评价体系。

第三节　注重传统文化的现代价值转换

中国传统文化拥有悠久的历史，几千年来为文化传承和发展发挥着关键作用。近年来，随着国家对传统文化关注的加强，传统文化继承取得了显著进展，文化资源的转化和利用为高校思政教育注入了新的活力并产生了积极成果。在此过程中，人们需要赋予中国传统文化以新时代的特质，重视传统文化在现代社会的价值转换。

一、要有世界历史的眼光

世界历史的眼光意味着在审视传统文化时，人们的视角应广阔，应从更高的层次和角度出发，将中国的历史和文化置于世界历史和文化的背景下。只有这样，人们才能更加理性地看待中国传统文化及其在现代社会中应发挥的作用。

世界历史的发展并不为某些人的意志所左右，而是由内在原因驱动的，如技术革新和商业资本的发展等，这些因素都将导致全球范围内的变革。近现代以来，中国的变革（或者称之为现代化）某些程度上是受外来技术和变革引导的，具有一定的被动性。这导致中国传统文化在这个过程中可能面临不适应、困惑和紧张的局面，但是中国传统文化具备强大的自我革新能力，能够在不断吸收精华、去除糟粕的过程中丰富内涵并传承发展。中国传统文化不仅是中华民族的精神财富，更是全球文明的瑰宝。

世界的发展一定程度上会影响人们的选择。因此，中国应该站在世界发展的高度，将传统与新的外来技术和变革相结合，化解传统与现代之间的紧张关系，实现中国传统文化的古今融通。

二、选择性地继承传统

中国传统文化包罗万象，在这繁复庞大的文化体系中，人们需要甄别哪些传统适应现代社会，能够符合当代社会价值观，并具有持续发展的潜力。但人们要认识到，历史上对传统文化的反思和批判能够提供关于继承何种传统的基本线索。

一是儒学思想的演变。在中国历史上，儒学始终占据主导地位，儒学体系是一个具有强大生命力的开放性体系，在历史发展过程中不断地自我更新与完善。二是关注社会上产生过的批判思潮。人们需要研究它们出现的具体背景和实际效果，对于有益的观点，应适当吸收并进行现代价值转换，要有选择性地继承传统。

三、寻找传统文化的生长点

在现代化进程中，拥有丰富历史和文化的国家都会保持其独特性，也就是一种"身份认同"。在一个国家的现代化发展中，传统文化就像一幅画作的底色，其作用取决于现代化对它的调整。也就是说，传统文化需要被挑选和创新，并且不能脱离现代化的语境。

传统文化具有现代价值和意义。例如，当保护民众尤其是弱势群体的利益时，儒家的以民为本思想可以发挥重要作用；作为一个自觉维护集体权益的现代公民，可以借鉴孟子的独立人格和勇于担当的精神；道家的清静无为、节俭理念可以抵制腐败之风；墨家的科学精神、法家的法治观念以及名家强调名实之辨的分析方法都值得运用。相信传统文化必然能在现代化进程中发挥积极作用，成为经济和社会发展的文化支持。

当代生活中，应将传统文化与现代需求相融合，重新激活传统文化的活力。其中涉及的传统文化元素，如儒家的以民为本、内外兼修以及知行合一等，都是具有现代价值和意义的精神财富，能为现代化进程提供哲学和思想层面的支持。人们需要根据现实需求深入挖掘传统文化的内涵，提升其在现代社会中的价值。

第四节　扩大传统文化融入的内容与范围

为了更好地将传统文化融入新时代高校思政教育，高校需要从以下几个方面扩大传统文化融入的内容与范围，如图6-3所示。

第六章　传统文化融入新时代高校思政教育的路径研究

丰富传统文化课程体系

强化实践性教学环节

培养学生的传统文化素养

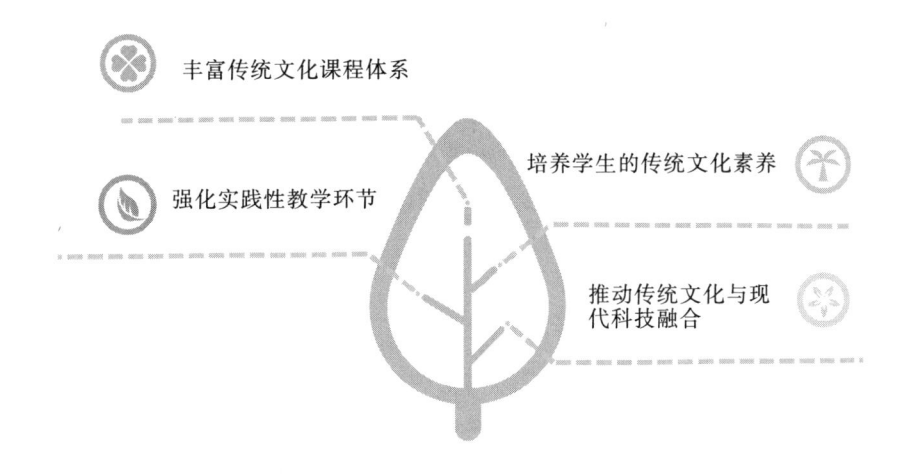

推动传统文化与现代科技融合

图 6-3　扩大传统文化融入的内容与范围的要点

一、丰富传统文化课程体系

在新时代高校思政教育中，传统文化的融入对于培养具有中国特色、中国风格、中国气派的社会主义建设者和接班人具有重要意义。为此，高校应在课程体系中充分融入传统文化。可从以下几个方面进行实践。

（一）设立独立的传统文化课程

高校应根据自身的定位、特点和优势，开设涵盖国学经典、传统道德观念、艺术、历史等多个方面的传统文化课程。这些课程可以作为选修课，让学生根据自己的兴趣和需求进行选择；也可以作为必修课，使所有学生都能在大学阶段接触和了解传统文化的精髓。在课程设置上，应该注重内容的系统性和完整性，涵盖儒家、道家、法家等各类传统文化思想，以及书法、绘画、音乐、戏剧等艺术形式，让学生从多个层面全面了解中华传统文化的丰富内涵，使学生在学习的过程中感受到传统文化的历史底蕴，发现其在解决现实问题中的实际作用。例如，在道德教育方面，可以借鉴儒家的仁爱、礼义观念，引导学生树立正确的价值观和道德观；在艺术教育方面，可以让学生体验传统绘画、书法等艺术形式的美感，培养其

· 163 ·

审美能力和创造力。

通过学习传统文化课程，学生可以更好地理解中华民族的历史、文化传承，并在现实生活中发挥其独特价值。例如，学生可以运用所学的传统文化知识和技能，为社会创新和发展做出贡献；或者将传统文化的智慧应用到自身的职业生涯和人生规划中，实现个人价值和追求。

（二）将传统文化融入现有的思政课程

传统文化在解决现实问题中具有很强的实际指导意义，高校可以充分利用这一优势，将传统文化与现代社会问题相结合，展现传统文化的实际作用。通过案例分析、名人事迹等形式，帮助学生深入了解传统文化在现代社会中的应用价值，从而更好地将传统文化融入现代生活。

例如，在思政课程中，教师可以结合儒家的"仁爱""礼义"理念来探讨现代社会中的道德伦理问题。通过分析历史上儒家思想家的事迹和言论，强调传统文化对于个人品行、社会公德的重要影响。这样的教学方式有助于培养学生的道德观念，引导他们树立正确的价值观。同样，在社会问题解决方面，高校可以借鉴传统文化的智慧。例如，道家的"无为而治"理念可以在现代社会管理、企业管理等领域发挥作用，指导学生如何在解决问题时兼顾整体与局部、远景与眼前的利益；法家的法治精神可以帮助学生理解法律的重要性，培养学生遵纪守法的习惯。

传统文化在培养学生人际关系、沟通能力等方面也有很大作用。例如，儒家强调"和而不同"的原则，提倡在保持个性的同时，尊重他人、包容差异。这一思想对于处理现代社会多元化、复杂化的人际关系具有很强的指导意义，可以帮助学生更好地处理人际关系，提升沟通能力。

（三）跨学科的传统文化教育

传统文化的丰富性和多样性为跨学科教育提供了广泛的资源，高校应充分挖掘传统文化中的精华，将其与其他学科相结合，以提高学生的综合素质。

在文学专业课程中，教师可以引入传统诗词、戏剧等文学作品，让学生从中感受中华民族的文化底蕴，培养他们的文学审美能力和创作才华。通过对古典文学作品的研究，学生能够了解到文学的发展历程和演变规律，为今后的创作提供借鉴和启示。例如，教师可以对元曲、明清京剧等古典戏剧作品进行深入剖析和讲解，课程内容可包括戏剧的创作背景、作者的生平事迹、作品的艺术特点、舞台表现手法等方面。通过对这些戏剧佳作的学习和研究，学生可以深入了解古代戏剧的发展历程、社会风貌、历史背景以及舞台表现的风格和特点，全面感受中华民族的文化底蕴，提升自己的戏剧审美能力和创作才华。

在艺术专业课程中，传统文化同样具有重要的教育价值。例如，在美术、音乐、舞蹈等专业中，教师可以结合传统绘画、民间音乐、民族舞蹈等资源，引导学生深入了解传统艺术的魅力和价值。通过对传统艺术的学习与实践，学生可以在继承传统的基础上创新发展，形成自己独特的艺术风格。

二、强化实践性教学环节

（一）开展传统文化社会实践

高校应该鼓励学生参与传统文化社会实践活动，以志愿服务、社会调查等形式将传统文化与现实生活紧密结合，从而提升学生的社会责任感。例如，学生可以深入社区、乡村等地方，组织举办传统文化宣传、教育活动，通过讲座、展览、互动等形式普及传统文化知识，推广传统文化的价值观，让更多人了解和关注传统文化的重要性；或者参与各类传统文化遗产保护项目，如古建筑修复、非物质文化遗产传承等，亲身体验保护传统文化的过程。在这些活动中，学生可以学习古建筑修复的技艺，了解非物质文化遗产传承的方法，在实践中感受到传统文化的魅力，进一步培养自己的文化自觉和社会责任感。

（二）创设传统文化实验室、工作坊等学习空间

高校应该设立传统文化实验室、工作坊等学习空间，为学生提供一个深入研究和创作传统文化的平台，为学生提供丰富的实践机会，让他们能够更加深入地理解和体验传统文化的精髓。

例如，高校可以设立中国画、书法、篆刻等传统艺术实验室，邀请专业导师指导学生学习和创作传统艺术作品。在这些实验室中，学生可以亲手体验传统艺术的魅力，学习不同的技法和风格，提升自己在这些领域的专业素养。通过这些活动，学生可以更好地理解传统文化的内涵，培养艺术品位和创造力。又如，高校可以设立民间工艺、传统医学等工作坊，使学生了解和掌握传统技艺。在这些工作坊中，学生可以学习传统手工艺，如剪纸、泥塑、木雕等，或者研究中医、针灸等传统医学知识。这些实践性的学习活动，不仅能帮助学生掌握传统技艺，还能培养他们对传统文化的热爱和尊重。

三、培养学生的传统文化素养

（一）加强传统文化素养教育，提高学生民族自尊心和自信心，增强文化认同感

高校应积极开展传统文化素养教育，使学生深入了解和认识中华民族的优秀传统文化，以提高他们的民族自尊心和自信心。具体措施如下。

第一，加强传统文化的教学。教师在课堂教学中应重视传统文化知识的传授，通过讲解、案例分析、讨论等多种形式，帮助学生更好地理解传统文化的价值观、道德观、思想观。

第二，组织传统文化主题的活动。高校可举办各类传统文化主题的讲座、展览、演出等活动，使学生在参与中感受传统文化的魅力，增强文化认同感。

第三，开展传统文化研究。高校应鼓励学生参加与传统文化相关的课

题研究，培养他们的独立思考能力和创新意识，提升他们对传统文化的理解和认同。

（二）开展传统文化主题的团队建设活动，培养学生团结协作、互助友爱的精神

高校应注重培养学生的团队精神，可通过开展传统文化主题的团队建设活动来实现这一目标。具体方法如下。

第一，组织传统节日庆典活动，让学生在共同庆祝传统节日的过程中，增进了解、加强团队协作。

第二，举办传统文化竞赛活动，如书法、绘画、诗词等，鼓励学生组队参加，使他们在团队合作中提高自身的专业技能。

第三，开展传统文化主题的志愿服务，鼓励学生参与社区、乡村等地的传统文化宣传、教育活动，亲身体验团队协作的重要性，培养他们的社会责任感。

四、推动传统文化与现代科技融合

（一）将现代科技应用于传统文化教学

现代科技为传统文化教学提供了新的途径和可能。高校可以充分利用多媒体、网络等现代科技手段，为学生提供更加生动、直观的传统文化学习体验。具体措施如下。

第一，制作传统文化课程的多媒体教学资源。教师可以将图片、音频、视频等多种形式的素材融入课堂教学中，让学生通过多种感官接触传统文化，提高学习兴趣。

第二，开设线上传统文化课程。利用网络平台，如慕课（MOOCs）或其他在线教育平台，提供传统文化在线课程，让学生能够随时随地学习传统文化知识，拓宽学习渠道。线上课程可以通过录播、直播等形式进行，并设置互动环节，如在线答疑、讨论区等，鼓励学生积极参与，提高学习效果。

第三，建立传统文化数字资源库。整合各种传统文化资料，如古籍、名画、传统音乐、戏曲等，建立数字资源库，方便学生查阅、学习，提升学习效果。这些资源可以按照分类、专题等方式进行整理，以便学生快速定位所需资料；还可以加入智能搜索功能，帮助学生更加便捷地获取信息。

（二）鼓励学生运用现代科技手段创作传统文化作品

高校可以鼓励学生将现代科技与传统文化相结合，创作具有时代特色的传统文化作品。具体做法如下。

1.开展传统文化创意设计比赛

鼓励学生将传统文化元素融入平面设计、动画制作、建筑设计等方面，激发学生的创意思维。高校可以设立不同类别的奖项，如最佳创意奖、最佳视觉效果奖等，激励学生积极参与并发挥自己的特长。

2.支持学生开发以传统文化为主题的游戏

将传统故事、人物、场景等元素融入电子游戏，让更多年轻人在娱乐中感受传统文化的魅力。高校可以提供技术支持和指导，帮助学生将创意变为现实。通过这类游戏的开发，学生可以更好地理解传统文化的内涵，增强对传统文化的认同感，锻炼自己的团队协作能力和项目管理能力。

3.举办传统文化与现代科技融合的展览、演出等活动

展示学生的作品，如现代科技与传统艺术的结合、虚拟现实技术在传统文化传播中的应用等，让更多人了解现代科技与传统文化的完美结合。这些活动可以吸引校内外观众，提高学生的创作成果的影响力。学生在参与这些活动的过程中，能够将所学知识与技能运用到实际项目中，从而增强自己的实践能力，为将来的职业发展奠定基础。

(三)借助现代科技手段,传播传统文化

现代科技为传统文化传播提供了广阔的平台。高校可以利用现代科技,推动传统文化的传播和普及。具体途径如下。

1. 利用社交媒体传播传统文化

高校可通过开设与传统文化相关的官方账号,如微博、微信公众号、抖音账号等,发布文化知识、活动信息、学术成果等内容,吸引更多学生关注和参与,还可以与社交媒体达人合作,进行内容推广,扩大影响范围。

2. 制作传统文化微视频、短片等新媒体内容

高校可将传统文化知识、故事、艺术等以新媒体形式呈现,如短视频、动画等,让更多学生在碎片化时间接触和了解传统文化。这些新媒体内容可以通过轻松幽默的方式呈现,让学生在娱乐中学习,提高他们对传统文化的兴趣。

3. 开展线上线下传统文化交流活动

高校可举办网络直播、讲座、论坛等形式的交流活动,邀请专家学者、传统文化传承人等分享经验,推动传统文化的传播和交流。线下活动可以包括传统文化展览、演出、手工艺体验等,让学生亲身参与,更加直观地感受传统文化的魅力。

第五节 实现传统文化与思政理论课的有效对接

为了使传统文化发挥其育人功能,并满足高校思政教育需求,高校有必要将传统文化与思政理论课进行有效对接,让中华优秀传统文化在大学校园内得到广泛传播。

一、将中国传统文化纳入思政教育范畴

高校可以开设中国传统文化课程，如讲授《周易》《诗经》《楚辞》《论语》《孟子》《大学》《中庸》《荀子》《韩非子》等中国传统文化经典书籍，或者讲解汉字文化、茶文化、酒文化、孝文化、忠义文化、武术文化等文化现象，并阐述其现代价值及其在当代的意义。通过学习这些课程与文化，学生可以在中国传统文化的熏陶下逐步提高自己的思想道德素质和传统文化修养，从而达到思政教育的育人目标。

二、关注现实问题，引入问题意识

理论研究必须对社会现实做出积极回应，以获取持续发展的动力。在思政教育领域，挖掘和阐述中国传统文化中的思想政治资源，不应只关注概念界定和理论体系展示，更应关注现实问题，为人们所关心的现实问题提供有效解答，从而使理论研究具有广阔的视角和解决问题的能力。因此，高校应关注社会现实，从实证研究的角度确定研究的切入点，在寻找问题和引入问题的过程中不断拓宽学术视野。

三、从传播学视角优化思政教育的创新教学方法

传播作为人类社会关系存在和发展的关键因素，与人们的日常生活紧密相连。传播学研究传播过程及其相关现象，而思政教育则是传播思政观念的过程，因此两者存在许多共通之处，可以将思政教育视为一种特殊的传播过程。

首先，从研究对象来看，思政教育与传播学具有相似性。思政教育旨在向学生传授特定的思想、政治和道德观点，对他们产生一定程度的影响，使他们具备符合社会需求的思想道德品质，并参与社会实践活动。而传播是信息流动的过程，传播学则研究如何有效地进行传播。在当今网络化、互联网广泛普及的时代，信息传播已经深入人们生活的各个层面。传

播学因此与多个学科交叉,成为一门跨学科研究领域,涵盖文化传播、经济传播、公共关系传播和政治传播等方面。从这个角度看,思政教育可以被视为传播思政观念的实践活动,属于传播学范畴。传播学的理论丰富性使其涵盖诸如大众传播、人际传播和组织传播等子学科。从思政教育的形式和过程来看,它可以归属于人际传播和组织传播领域。因此,思政教育实际上是一种特殊类型的传播活动。基于此,高校可将传播学视角融入思政教育,优化教学方法,实现教育创新。

其次,从目的方面看,思政教育与传播学之间存在共通性,它们都具有相同的方向性。传播是一个在信息共享和互动沟通中使接收者受到影响的过程,传播的信息具有明确的目的。因此,传播通常被视为个人或组织对他人施加影响的手段。思政教育也具有类似性质,它是教师向学生传授相关思政理论的过程,旨在培养学生良好的思想政治道德品质,并影响他们的言行和实践活动。

(一)研究学生的需求心理,尊重他们的主体地位,提高学生的参与程度

满足需求理论作为一种新颖的受众观,是从受众的需求和接收信息原因出发进行研究的理论。该理论认为,受众具有特定的需求,他们接收信息是为了满足某种需求。由于个体需求的差异,信息传播通常无法被所有受众同时接受,受众会在传播信息过程中自主选择对自己有益的信息,以满足自己的需求。因此,受众在接收信息传播时并非完全被动,他们会主动挑选、关注符合自己需求的内容。因此,传播的主导权并不完全掌握在传播者手中。

社会参与论也是传播学中的一种观点,它同样强调受众应具有主体地位。受众不仅是"接收者",也是"传播者"。尽管他们是传播研究的对象,是传播效果的体现,但他们并不会被动地全面接受信息,而是具有自主性,会进行选择。同样,高校思政教育中,学生并不会完全接受教师讲授的所有内容,他们会对这些理论进行筛选,寻找能满足自己需求的知识。因此,将中国传统文化融入高校思政教育时,应更加关注学生的作用,而

非仅依赖教师单方面的灌输或授课。具体来说，教师需重视学生接受教育的机制研究，积极激发学生的需求，帮助他们认识到传统文化与社会需求之间的密切联系，从而激发他们接受教育和自主学习的内在需求和动力。

（二）研究学生的选择心理，关注个体差异，实施多样化的教育活动

个体差异理论基于"刺激－反应"模式，从行为主义角度研究受众。该理论认为，由于成长环境和社会经历的不同，人的心理和性格各异，因此传播学领域不存在统一的受众。每个人因需求、习惯、价值观、态度和信念等方面的差异，会对外部信息做出不同选择和理解，相应的态度和行为变化也因人而异。思政教育同样如此。

在思政教育过程中，教师需从尊重学生的角度展开教育活动。特别是在进行说服性教育前，要先了解学生的兴趣、爱好、需求、价值观和态度等，然后选择适当的教育信息。

（三）利用群体动力提高教育效果，避免群体压力带来的弊端

社会关系理论关注群体关系在传播活动中的重要作用。这一理论侧重于研究群体压力和合力对个人接受传播信息时的影响，认为所属团体的压力和合力对受众在接收信息时的态度和行为具有显著影响，媒介很难改变人们的固有信仰和态度。该理论认为，受众的社会关系对其产生巨大影响，实际上，传播效果常由于受众社会关系而削弱。这里的社会关系主要包括人际网络、群体规范和意见领袖等。

与社会关系理论相关的是群体压力理论，该理论认为群体压力会影响受众对传播内容的接受程度。人们通常会选择加入与自己观点一致的团体，团体对这些观点的认同增强了个人对这些观点的信心。因此，为获得良好的传播效果，需了解受众所属或认可的团体，预测受众行为，这一点在思政教育中尤为重要。因此，研究作为社会群体成员的学生的接受机制，运用团体力量提升教育成果，同时防止群体压力导致教育效果减弱，是提高中国传统文化融入思政教育实效的新途径。

第六节　加强科研工作，提升教师科研能力

一、教师在思政理论课融入优秀传统文化教育中的作用

（一）教师是优秀传统文化课堂教学活动的实施者

教师作为优秀传统文化课堂教学活动的实施者，肩负着将传统文化传承下去并将其融入现代教育体系的重任。在新时代背景下，教师应具备独特的教育视野，创新教育方法，培养学生的思想政治觉悟能力，让学生在思政理论课堂中真正体会到传统文化的魅力。教师要对传统文化有深入的了解和研究，挖掘传统文化中的优秀元素，并将其融入课程体系中。因为只有深入理解传统文化的内涵，教师才能在课堂上真实、生动地展示传统文化的精神内核，引导学生对传统文化产生浓厚的兴趣。在教学过程中，教师要关注时事政治、社会热点等问题，并将这些问题与传统文化相结合，使传统文化更具现实意义，同时帮助学生认识到传统文化在解决现实问题中的价值，从而增强学生对传统文化的认同感。

（二）教师是优秀传统文化教育方向的引领者

作为优秀传统文化教育方向的引领者，教师应通过自身的专业素养和教育智慧，将传统文化与现代教育有机结合，为培养具有良好思想道德修养的新时代青年贡献力量。

首先，教师在教育引领中起到表率作用。教师自身对优秀传统文化有深入的研究和理解，具备扎实的学术功底和教育理念，才能够将传统文化的精髓与现代社会发展相结合，为学生提供充满智慧与启示的教育。在教

学过程中，教师要充分展示传统文化的独特魅力，激发学生对传统文化的热爱与尊重，使学生在思政理论课堂上受到熏陶，形成正确的世界观、人生观和价值观。其次，作为教育引领者，教师在培养学生的思想政治觉悟能力方面能够发挥重要作用。通过将优秀传统文化的教育元素融入课堂教学，教师能够引导学生深入探讨传统文化与现实生活的联系，使学生更好地理解国家发展、社会进步和个人成长之间的关系。这有助于学生培养辩证思维能力和批判性思考能力，为国家和社会的发展贡献力量。

二、加强科研工作、推动创新研究的对策

（一）提升研究水平，推动理论创新

要加强科研工作，就应先着力提升研究水平，推动理论创新。教师应对传统文化与思政教育的关系进行深入研究，总结出一套具有现实指导意义的理论体系。这一体系应既能解释传统文化在新时代背景下的价值和意义，也能为将传统文化融入思政教育提供可操作性的建议。

为实现这一目标，教师需要紧密结合国内外研究成果，以跨学科、多维度的研究视角全面梳理传统文化的内涵与发展，包括对传统文化中的道德观念、哲学思想、历史传承等方面进行深入剖析，以求对传统文化的本质特征和内在逻辑有更清晰的认识。

除此之外，教师应关注传统文化在新时代背景下的现实挑战和发展机遇，分析传统文化在应对现代社会问题、促进国家发展、提升民族凝聚力等方面的实际作用。这有助于揭示传统文化在新时代的价值，为传统文化的传承和创新提供理论支撑。

（二）搭建交流平台，促进学术研讨

为了推动创新研究，建立一个集思广益的学术交流平台十分必要。高校可定期组织学术研讨会、研究生论坛等活动，邀请国内外专家学者共同探讨传统文化与思政教育的结合问题。这种交流方式有助于不同专家学者

相互借鉴、完善研究成果，共同推进科研工作的发展。

学术交流平台能够搭建一个多元化的研究环境，鼓励教师在跨学科和跨领域的基础上展开合作，从而拓宽研究视野，提升研究质量。通过与不同学科背景的专家学者交流，教师可以在传统文化研究的基础上引入现代社会科学、人文科学等新的理论框架，使研究更具深度和广度。通过不断地交流和探讨，教师可以逐渐达成对传统文化与思政教育关系的共识，形成一个相对稳定的研究范式，为传统文化融入思政教育提供更有力的理论支持。

（三）加大科研投入，支持创新项目

为确保科研工作的顺利进行，高校应加大科研投入，支持创新项目；设立专门的科研基金，对具有前瞻性、创新性的研究项目给予资金支持；鼓励教师申请国家级、省级科研课题，积极参与社会科学领域的重大研究任务。

加大科研投入有助于提升高校的研究实力，进而提高高校在国内外学术界的地位。并且，增加科研经费可以为教师提供更多的实验设备、文献资料、研究人员等资源，帮助他们更好地开展研究工作，从而提高研究成果的质量和影响力。

设立专门的科研基金可以激发教师和学生的创新意识，鼓励他们勇于尝试新的研究方向。通过竞争性的资金申请程序，选拔具有前瞻性、创新性的研究项目，有利于学校培养一批具有国际视野和创新精神的优秀研究人才。

鼓励教师申请国家级、省级科研课题，积极参与社会科学领域的重大研究任务，不仅可以提高高校在国内外学术界的知名度和影响力，还有助于各高校建立广泛的合作关系，拓展研究领域。另外，与其他高校、研究机构、企业等开展合作，可以为高校提供更多的研究资源和机会，进一步推动传统文化与思政教育研究的发展。

（四）深化实践探索，总结经验教训

在加强科研工作的同时，应该注重深化实践探索，总结经验教训。高校可以组织教师开展课堂教学改革试点，探索将传统文化与思政教育有机结合的有效途径，通过对不同教学方法、教育策略的实践检验，及时总结经验教训，不断优化教育模式。

开展课堂教学改革试点可以为教师提供一个创新实践的平台。在这个平台上，教师可以自由尝试各种新颖的教学方法和手段，如利用多媒体手段展示传统文化的魅力，引入案例分析法让学生深入了解传统文化在现实生活中的应用，以及采用讨论课、翻转课堂等互动性强的教学方式，激发学生的学习兴趣。

深化实践探索有助于教师更好地了解学生的需求。通过对不同教学方法的实际应用，教师可以发现哪些方法更受学生欢迎，哪些方法能够提高学生的学习效果。这有助于教师及时调整教学策略，使之更贴近学生的需求，从而提高教育质量。

总结经验教训可以推动教育模式的持续优化。教师在实践过程中会遇到各种问题，可以通过及时总结这些问题并寻求解决方案，不断改进教学方法，形成一套更加科学、有效的教育模式。这对于传统文化与思政教育的融合具有积极的推动作用。

第七章
传统文化融入新时代高校思政教育的创新探索

第七章　传统文化融入新时代高校思政教育的创新探索

第一节　立足"大思政课"的多元主体协同育人

一、多元主体协同育人的理念与价值

(一)多元主体协同育人的理念内涵与体现

1. 理念内涵

多元主体协同育人是一种全方位、多层次的教育理念,强调教师、家庭、社会等各方共同参与和协作,共同为学生的思政教育和传统文化传承提供支持。在这一理念下,教师不仅是知识的传授者,更是引导者和激发者,而学生则是主动参与者和实践者。

2. 理念体现

在具体实践中,多元主体协同育人表现为教师与学生、家庭与学校、社会与教育等多方的互动和协作。例如,教师可以通过教学改革,激发学生的学习兴趣和主动性,鼓励他们参与课堂讨论和实践活动;家庭和社会可以通过支持学生参加社会实践、文化交流等活动,为他们提供更多的学习和成长机会;学校则应当营造一个和谐、包容的校园环境,充分发挥各类资源的优势,为学生提供多元化的教育支持。

(二)多元主体协同育人的价值

1. 价值体现

多元主体协同育人在提高高校思政教育针对性和实效性方面具有重要意义。这种理念有助于提升学生的主体性和自主性,使他们在思政课程中能够发挥更大的作用。在多元主体协同育人的环境下,学生更加关注自身

的发展和成长,能够主动参与课程设计、课堂讨论和实践活动,从而更好地理解和消化所学知识,形成正确的世界观、人生观和价值观。这种主动参与和自主学习有利于培养学生的独立思考能力、团队协作能力和解决问题能力,为他们未来的社会生活打下坚实的基础。

多元主体协同育人有助于形成教育的合力,提高教育的有效性。家庭和社会在教育过程中的参与将弥补单一教育主体可能存在的不足,为学生提供更全面、更多样化的学习资源和机会。家长和社会各界人士可以通过关注学生的需求,为他们提供实践、交流、创新等方面的支持,帮助他们更好地将所学知识应用于实际生活。

多元主体协同育人有助于传统文化的传承和创新,可为学生提供丰富多样的文化资源。传统文化是一个国家、一个民族的精神支柱,对于学生的思政教育具有重要意义。在多元主体协同育人的背景下,高校可以与社会各界共同开展传统文化的普及和传播工作,如邀请文化专家、艺术家、学者等参与教学活动,为学生提供丰富的文化体验。学生也可以通过课堂、社团、社会实践等接触和了解传统文化,结合自身兴趣和特长,创造性地传承和发扬这些文化精华。这种多元主体协同育人的模式有助于激发学生对传统文化的热爱和尊重,培养他们对民族文化的情感,从而更好地将传统文化融入思政教育。

2. 价值追求

多元主体协同育人旨在培养具备全面素质、创新精神和实践能力的新时代大学生。为实现这一目标,高校思政教育应以传统文化为基础,深入挖掘和充分利用传统文化的教育资源,积极探索将传统文化与现代教育相结合的新模式,以培养学生的爱国情怀、社会责任感和创新精神为核心,全面提高思政教育的质量和水平。

在这一过程中,高校应注重激发学生对传统文化的兴趣,通过举办各类文化活动,帮助学生更好地了解和体验传统文化的魅力。同时,高校应关注培养学生的批判性思维能力,引导他们从多角度审视传统文化,发现其中的优点和不足,以便在传承的基础上实现文化的创新;倡导全体教职工积极参与多元主体协同育人，形成一种强大的教育合力。

二、教师角色的转变与创新

立足于"大思政课"的多元主体协同育人要求教师进行角色的转变与创新，这是新时代高校思政教育工作的重要内容。在多元主体协同育人的过程中，教师不再是知识的传授者和教育的主导者，而是引导者、协调者、参与者、实践者和文化传承者。本书前面已论述教师作为引导者的重要性，此处不再赘述。下面从其他几个角色角度进行详细论述。

第一，教师应从"管理者"转变为"协调者"。在多元主体协同育人的过程中，教师需要与家庭、社会等其他教育主体形成良好的合作关系，共同为学生提供全面、高质量的教育。具体来说，教师要积极参与高校与企事业单位、社会团体等的合作交流，建立多方共赢的教育协同机制，为学生创造更多实践锻炼的机会；关注学生的心理健康和人际交往，协调学生与家庭、同学之间的关系，助力学生健康成长。

第二，教师应从"评价者"转变为"参与者"。在多元主体协同育人的框架下，教师需要摒弃传统的评价方式，创新教学评价方法，关注学生的全面发展。具体来说，教师应对学生的知识掌握、能力培养、思想品德等多方面进行综合评价，引导学生自我评价，并积极参与学生互评；加强与同行的交流和合作，共同研究教育教学问题，推动教育改革和创新。

第三，教师要从"学者"转变为"实践者"。在多元主体协同育人的背景下，教师不仅需要关注理论研究，还要关注实践探索。具体来说，教师要将理论知识与实际工作相结合，注重课堂教学、实践教学和课外活动的有机融合，营造良好的教育教学氛围；关注学生的实际需求，为学生提供个性化的教育服务，帮助学生解决实际问题；积极参与高校的教育改革和创新实践，推动高校教育工作的持续发展。

第四，教师要从"传统教师"转变为"文化传承者"。在多元主体协同育人的过程中，教师要发挥传统文化的引导作用，将传统文化融入思政教育，培养学生的民族自豪感和文化自信。具体来说，教师要从传统文化中提炼智慧，将之与现代教育理念相结合，构建符合新时代要求的教育体系；关注传统文化的创新发展，积极参与文化传承和传播工作，助力传统文化在新时代焕发新的生机。

三、学生主体性的培养与实践

高校思政教育需要将学生作为教育的主体，培养他们的自主性、创新性和实践能力。要实现这一目标，需要从以下几个方面进行深入探讨，如图7-1所示。

图7-1 学生主体性的培养与实践

（一）学生主体性的内涵与价值

1. 学生主体性的内涵

学生主体性是指学生在教育过程中发挥主动、自主、创新和实践能力，充分参与教育活动，形成自我认知、自我发展、自我完善的能力。学生主体性强调学生在教育过程中的积极参与，突出学生的自主选择、自主学习和自主发展。

2. 学生主体性的价值

学生主体性的培养在新时代高校思政教育中具有重要意义。培养学生主体性有助于提高学生的综合素质和能力。学生在主动参与学习、自主探索和解决问题的过程中，可以提升思维能力、判断能力和沟通能力，从而更好地适应社会发展的需求。此外，学生主体性的培养有助于增强学生的自主学习和自主发展能力。在这个信息爆炸的时代，学生需要具备独立获取、筛选和分析信息的能力。强化学生主体性的培养，可使学生学会自主学习和自我成长，从而在未来的工作和生活中更加游刃有余。

（二）学生主体性的培养策略

1. 教学方法改革

高校应改革传统的教学方法，创新教学手段，激发学生的学习兴趣和积极性。可以采用讨论式、研究式、项目式等多种教学方法，引导学生主动参与教学活动，提高学生的思维能力和实践能力。

2. 课程体系建设

高校应建立多元化、开放性的课程体系，满足学生的个性化需求。可以设置专业课程、通识课程、选修课程等多种课程类型，让学生根据自己的兴趣和需求进行自主选择，发挥学生主体性。

3. 学生评价改革

高校应改革学生评价体系，从单一的考试成绩评价向多元化的综合评价转变。评价内容可包括学生在实践能力、团队协作和创新思维等方面的综合表现，以激励学生全面发展，培养学生的自主学习和自我评价能力。

4. 校园文化建设

高校应营造积极向上、充满活力的校园文化氛围，鼓励学生自主组织和参与各类学术、文化、体育等活动。可以通过举办讲座、展览、比赛等形式，丰富学生的课余生活，培养学生的团队协作能力和组织能力。

5. 家庭教育配合

家庭教育是学生主体性培养的重要支持。家长应与高校密切配合，关注学生的兴趣爱好和特长，支持学生自主选择学习方向，共同为学生的全面发展营造良好的外部环境。

（三）学生主体性的实践途径

1. 课堂讨论与互动

在课堂教学中，教师应鼓励学生积极参与讨论，以激发学生的学习兴趣和思考能力。教师可以通过小组讨论、角色扮演、案例分析等互动形式，帮助学生在互动交流中提高自己的沟通和协作能力。

2. 课题研究与创新实践

学生可自主选择课题进行研究，以提高自主学习和解决问题的能力。教师应指导学生开展课题研究，鼓励学生在实践中创新思维，培养学生的创新能力和实践能力。

3. 参与社会活动与志愿服务

学生可以参加各类社会活动，如学术竞赛、文化活动等，或者参加志愿服务活动，培养自己的社会责任感和公民素养。

四、校内外资源的整合与共享

（一）校内资源整合与共享

1. 教师资源

高校在整合不同学科领域的教师资源时，应注重挖掘每位教师的特长，组建跨学科教学团队，实现教师之间的知识互补与协同，从而为学生提供更丰富、更全面的教育资源。这种教师资源整合有助于激发学生的学习兴趣，拓展学生的知识视野，培养具有跨学科素养的复合型人才。

2.课程资源

高校在进行课程体系的改革与创新时，应注重传统文化与现代教育的有机结合。在各类课程中融入传统文化元素，既能丰富课程内容，也有助于传承优秀传统文化。通过推动课程资源的整合与共享，学生可以更好地理解传统文化在现代社会的价值和意义，从而提升文化自觉和文化自信。

为了满足学生对传统文化的个性化需求，高校可以开设一系列专门的传统文化选修课程，如"国学经典""传统美学""民间艺术"等。这些课程不仅可以激发学生的学习兴趣，还能拓展学生的知识视野，培养学生的审美能力和创新精神。同时，高校应关注学生在课程学习中的实际体验和收获，鼓励学生参与课程实践活动，如文化实践基地考察、传统技艺体验等。这样的实践活动既能让学生真正感受到传统文化的魅力，也能锻炼学生的实践能力和团队协作能力。

3.教学设施与场地资源

高校在推动多元主体协同育人的过程中，应充分利用现有的教学设施和场地资源，以满足不同学科、不同层次学生的需求。其中，图书馆作为知识的宝库，可以为学生提供丰富的文献资料和学术资源，帮助他们开展自主学习和研究活动。实验室也是学生进行科学研究和实践操作的重要场所。高校应加强实验室建设，提供先进的设备和技术支持，培养学生的实验技能和创新能力。通过开展实验教学改革、增加实验课程等措施，鼓励学生积极参与实验活动，提高学生学习的主体性。

4.学生组织与社团资源

高校在支持学生组织和社团发展的过程中，应注重激发学生的积极性和创造力，以实现资源整合与共享的目标。学生组织与社团在校内外资源整合与共享中具有关键作用。一方面，学生组织与社团可以通过开展各类活动，帮助学生在实践中锻炼自己的组织协调能力、团队合作能力，提高综合素质；另一方面，学生组织与社团能够搭建起一个学生间相互交流与合作的平台，帮助学生拓宽视野，结识更多志同道合的朋友，进而实现校内外资源的整合与共享。

（二）校外资源整合与共享

1. 企事业单位合作

高校应与企事业单位建立长期的合作关系，共同开展产学研一体化的教育活动。在这个过程中，企事业单位可以为学生提供实习实训机会，帮助学生将所学知识应用于实际工作，提高实践能力。

2. 合作办学与资源共享

高校与其他教育机构建立合作关系，不仅可以为学生提供更丰富的教育资源，还能推动教育改革与发展。例如，高校可以与其他高校共同开发新的课程，以满足学生日益多样化的需求；或者与中小学、职业教育等不同类型的教育机构合作，为高校学生提供更广泛的教育机会，促进教育的均衡发展。这样的合作不仅有助于学生全面发展，还能增强学生的社会责任感和公民意识。

3. 社会组织与非营利机构的参与

高校可积极与社会组织、非营利机构等合作，开展公益项目、志愿者服务等活动，拓宽学生的视野，培养学生的社会责任感。社会组织与非营利机构的参与有助于将社会实践与思政教育相结合，提高教育的实效性。

4. 国际交流与合作

高校应加强与国际学校的交流与合作，引进国际先进的教育理念和教学方法，为学生提供更多的学习机会。通过国际合作，学生可以了解不同文化背景下的思政教育，并通过积极学习开阔全球视野。

第二节　基于核心素养的传统文化与高校思政融合发展

一、核心素养的内涵

（一）人文底蕴

人文底蕴是学生在学习、理解、运用人文领域知识和技能等方面所形成的基本能力、情感态度和价值取向。具体内容如下。

（1）人文积淀。人文积淀指个体对古今中外人文领域基本知识和成果的积累，以及对人文思想中所蕴含的认识方法和实践方法的理解和掌握。这意味着个体具有深厚的人文知识储备，能够从不同的文化背景中汲取智慧。

（2）人文情怀。人文情怀指个体具有以人为本的意识，尊重和维护人的尊严和价值。这要求个体关注人类的生存、发展和幸福，对人类命运和社会进步具有责任感和使命感。

（3）审美情趣。审美情趣指人们对于艺术、美学和审美价值的欣赏和偏好，涉及个体对于美感的判断和情感反应。这意味着个体具有发现、感知、欣赏和评价美的意识和基本能力，拥有健康的审美价值取向，以及艺术表达和创意表现的兴趣和意识。

（二）科学精神

科学精神是个体在学习、理解和运用科学知识和技能的过程中所形成的价值标准、思维方式和行为表现。具体内容如下。

（1）理性思维。理性思维指个体崇尚真知，理解和掌握基本的科学原理和方法，尊重事实和证据，具有实证意识和严谨的求知态度。这要求个体能够运用科学的思维方式认识事物、解决问题和指导行为。

（2）批判质疑。批判质疑指个体具有问题意识，能独立思考和判断。这要求个体思维缜密，能够从多角度辩证地分析问题，做出明智的选择和决策。

（3）勇于探究。勇于探究指个体具有好奇心和想象力，不畏困难，具备坚持不懈的探索精神。这要求个体敢于尝试，积极寻求有效的问题解决方法。

（三）学会学习

学会学习是自主发展的基石，它包括乐学善学、勤于反思和信息意识三个基本要点。

（1）乐学善学。个体应正确认识和理解学习的价值，培养积极的学习态度和浓厚的学习兴趣，养成良好的学习习惯，掌握适合自身的学习方法，并具备终身学习的意识和能力。这有助于个体在未来社会中更好地适应和发展。

（2）勤于反思。个体需要具备对自己学习状态进行审视的意识和习惯，善于总结经验。根据不同情境和自身实际，选择或调整学习策略和方法，以提高学习效果。

（3）信息意识。在信息时代，个体应具备自觉、有效地获取、评估、鉴别、使用信息的能力，主动适应"互联网+"等社会信息化发展趋势，具备数字化生存能力，同时具有网络伦理道德和信息安全意识。

（四）健康生活

健康生活主要是学生在认识自我、发展身心、规划人生等方面的综合表现，它包括珍爱生命、健全人格和自我管理三个基本要点。

（1）珍爱生命。个体应理解生命的意义和人生价值，具有安全意识与自我保护能力，掌握适合自己的运动方法和技能，养成健康文明的行为习惯和生活方式。

（2）健全人格。个体需要具备积极的心理品质，自信自爱，坚韧乐观，具有自制力，能调节和管理自己的情绪，同时具有抗挫折能力。这有助于个体在面对生活中的困难和挑战时，保持良好的心理状态。

（3）自我管理。个体应能正确认识与评估自我，依据自身个性和潜质选择适合的发展方向，同时合理分配和使用时间与精力，具有达成目标的持续行动力。自我管理是个体成功实现自主发展的关键。

（五）责任担当

责任担当是核心素养的一部分，表现为个体面对社会和生活的各种问题和挑战时，愿意承担起应尽的义务和责任。责任担当意味着个体不仅要遵守规则和义务，也要理解并承认自己的行为可能对他人和环境产生的影响；责任担当体现在一个人对他人的尊重和关心上，在日常生活和工作中，每个人都应尽力理解并尊重他人的观点和需要，而不仅仅是关注自己的利益。当然，从更大的层面上说，责任担当体现在一个人对社会的参与和贡献上，每个人都有为社会公共事务做出贡献的责任，应该积极参与社区服务、公共事务的决策等，促进社会公正和社会公平。

（六）实践创新

实践创新是核心素养的重要组成部分，主要包括实践能力和创新思维。实践能力强调的是通过动手操作、实地体验，将理论知识转化为实际操作技能，这不仅包括个体在学术、职业或生活各个领域的专门技能，也包括诸如问题解决、决策制定、批判性思维等的通用能力；创新思维是指跳出常规框架，以新的视角和方式解决问题或创造价值的思维方式，这需要人们对现有的知识、理论、实践有深入理解，有勇气尝试、挑战和改变旧的规则和习惯。

二、核心素养在传统文化与高校思政融合中的作用

（一）强化文化认同与价值引领

传统文化是民族的精神支柱和民族文化认同的核心。将传统文化与高

校思政教育相融合，可以帮助学生深入理解中国传统文化，从而增强文化自信，培养学生的民族自豪感。以核心素养为基础的传统文化教育，有助于引导学生树立正确的世界观、人生观和价值观，为培养德智体美劳全面发展的社会主义建设者和接班人奠定基础。

（二）促进思想道德素质的提升

核心素养要求学生具备良好的思想道德素质，这一点在传统文化与高校思政教育融合发展中显得尤为重要。传统文化中蕴含着丰富的伦理道德观念和价值理念，如孝顺、忠诚、礼仪、仁爱等，这些观念在很大程度上体现了中华民族的道德品质和文化传统。

将传统道德观念与高校思政教育相结合，有助于教师引导学生更深入地理解和认同这些优秀传统道德观念，为学生在现代社会中践行优秀传统道德提供指导。在课堂教学中，教师可通过讲授、讨论、案例分析等形式，帮助学生深入领会传统道德观念的内涵与实质，从而提升学生的思想道德素质。

（三）培养学生的创新精神与实践能力

以核心素养为基础的传统文化教育，有助于培养学生的创新精神、创造能力和实践能力。在高校思政课程中，教师可引导学生发现并借鉴传统文化中的智慧，运用现代科技手段，解决现实问题。例如，通过举办与传统文化相关的创新创意比赛、论坛等活动，激发学生的创新热情，提高学生的实践能力。

（四）促进学生的人际沟通与合作能力发展

传统文化中蕴含着丰富的人际沟通和合作智慧，将传统文化元素融入高校思政教育，有助于培养学生的人际沟通与合作能力。例如，教师可设计团队协作项目，让学生在实践中学习传统文化中的沟通技巧，提高团队协作能力。

第七章 传统文化融入新时代高校思政教育的创新探索

（五）提升学生的社会责任感与公民素养

传统文化教育在培养学生社会责任观念和公民素养方面具有积极作用。以核心素养为基础的传统文化与高校思政教育融合，可以更好地引导学生关注社会问题，树立正确的价值观和责任观，从而培养良好的公民素养。

在这一过程中，教师可引导学生学习传统文化中的先哲名人的事迹和思想，使学生在理解和接受传统文化的同时，激发关心国家和民族命运的自觉意识。高校也可以结合实际，开展丰富多样的社会实践活动，使学生在实践中增强社会责任感和公民意识。例如，学生可以关注环境保护问题，通过技术创新、行动倡导等方式，为可持续发展贡献力量。总之，传统文化与高校思政教育的融合，可以更好地引导学生形成正确的社会责任观念，培养良好的公民素养，为国家和社会的发展贡献自己的力量。

三、高校思政教育与核心素养

（一）教学内容与核心素养的紧密结合

要实现教学内容与核心素养的紧密结合，应当从教学内容设计和教材编写两方面进行重点改革与创新。

1. 教学内容设计方面

教师在设计教学内容时，应充分挖掘我国优秀的历史文化传统资源，如诗词、典籍、历史事件等，帮助学生更深入地了解和体会传统文化的内涵；应突出道德伦理方面的教育，将传统伦理道德观念与现代社会主义核心价值观相结合，使学生在了解传统道德观念的基础上，形成正确的道德观念和行为准则；应充分关注现实社会问题，培养学生的时代意识和社会责任感，如结合时事热点、典型案例等，引导学生关注社会现象、分析社会问题，以提高学生对现实问题的敏感度和解决问题的能力。

在设计教学内容时，教师要跳出单一学科的局限，尝试融合不同学科的知识，帮助学生形成全面、立体的认识。例如，将文学、历史、哲学等学科的知识融入思政教育中，让学生在理解传统文化和社会主义核心价值观的基础上提升综合素养。

2. 教材编写方面

为了更好地实现教学内容与核心素养的结合，教材编写工作应遵循以下原则。

第一，内容丰富、系统。教材应涵盖传统文化、道德伦理等多个方面，使学生全面了解中华优秀传统文化和现代社会主义价值观念。具体包括对传统文化的历史背景、发展演变、代表人物和作品等进行深入剖析，同时结合现代社会主义价值观念，阐释道德伦理的内涵和实践意义。

第二，注重实践性。教材应结合时事热点、案例分析等，让学生在解决实际问题中培养核心素养。例如，可以通过分析当前社会热点问题，引导学生运用传统文化和道德伦理知识，分析问题产生的原因和可能的解决途径，以提高学生解决问题的能力。

第三，注重启发性。教材应通过提出引人深思的问题，激发学生的学习兴趣。在教材编写过程中，教师要设计一系列开放性、探究性的问题和讨论题，引导学生主动参与思考和讨论，培养他们独立思考、分析问题的能力，鼓励学生从多角度、多层次探讨问题，从而培养他们的创新精神。

第四，教材编写过程中应关注知识体系的构建，强调知识间的内在联系和逻辑性。例如，教师通过设置知识模块，重点关注传统文化与现代社会主义价值观的互动关系，使学生形成系统的知识体系和思维方式。

第五，教材编写时应注意多元化和个性化，以满足不同学生的需求。例如，可以设计多种形式的教学活动和任务，使学生在不同层次和领域都能找到适合自己的学习方式，从而在学习过程中充分发挥主体作用。

（二）教学方法创新与核心素养培养

为了更好地培养学生的核心素养，高校思政教育需要不断创新教学方

第七章　传统文化融入新时代高校思政教育的创新探索

法，以提高教学效果。可以采用以下几种方法开展教学。

1. 案例教学法

案例教学法即利用具体的社会案例进行教学，是一种高效的教学方法，它可以帮助学生将理论知识与实际问题相结合，进而提高学生的实际应用能力。在高校思政课堂上，教师可以选取与传统文化和道德伦理相关的社会案例，如企业家的社会责任、家庭伦理关系、公共道德等，引导学生运用所学知识进行深入分析。

案例教学法的实施，可以让学生在真实情境中深入思考，培养他们的判断力和决策力。通过分析案例，学生可以更加直观地理解传统文化和道德伦理知识在现实生活中的应用，从而加深对相关知识的理解和掌握。案例教学法还可以提高学生的批判性思维和问题解决能力，使他们学会在面对复杂社会问题时，运用所学知识进行判断和决策。

2. 小组讨论法

教师可以组织学生小组在课堂上讨论问题，让学生在交流和互动中学习传统文化和道德伦理知识。小组讨论法不仅有利于激发学生的思维活力，还可以促进学生之间的合作，提高他们的沟通能力和团队协作能力。

在小组讨论过程中，学生可以自由发表观点，同时倾听他人的意见，从而拓宽自己的思维视野。这种讨论氛围鼓励学生勇于表达，也有利于培养他们的独立思考能力。

为了更好地进行小组讨论，教师需要事先设计好讨论的话题和问题，确保讨论内容与课程主题紧密相关。在这个过程中，教师应引导学生积极参与，同时避免讨论陷入僵局或者偏离主题。有效的小组讨论可以使学生在思想碰撞中提升核心素养，从而为未来的学习和工作打下坚实的基础。

3. 问题导向法

问题导向法即设计一系列具有挑战性的问题，引导学生主动探究，发现问题的本质。教师可以设计针对性强且具有启发性的问题，帮助学生在探索问题答案的过程中深入学习传统文化和道德伦理知识。这种方法可以激发学生主动思考、积极参与的兴趣，从而使他们在解决问题的过程中逐步形成系统化、逻辑化的思维方式。

问题导向法还可以培养学生的团队协作精神。在解决问题的过程中，学生需要相互协作、共同讨论，充分发挥各自的优势。这种团队合作有助于提高学生的沟通技巧、组织协调能力和领导力。

需要注意的是，教师在运用问题导向法时，应合理控制问题的难度和数量，避免让学生感到沮丧或产生挫败感，要及时给予学生适当的引导和支持，帮助学生克服困难，使他们在解决问题过程中获得成就感和自信。

4. 互动式教学法

在互动式教学过程中，教师不仅是知识的传授者，更是学生思维的引导者和启发者。教师可以通过提问、讨论、辩论等方式，鼓励学生积极参与课堂活动。这种教学方法有助于激发学生的思考能力，可使他们更加主动地参与学习过程。

5. 翻转课堂

让学生在课前自主学习教材内容，课堂时间用于讨论和解决问题的教学形式称为翻转课堂。翻转课堂有助于提高学生的自主学习能力，培养他们的时间管理和自我管理能力。

在翻转课堂模式中，学生需要在课前主动获取知识，掌握课程的基本概念和内容。这种教学方式要求学生具有较强的自学能力和自律意识。通过自主学习，学生能够根据自己的学习进度和特点，制订合适的学习计划和策略，提高学习效率。

在课堂上，教师可以组织各种讨论和活动，让学生针对课前学习的内容进行深入探讨和应用。这种教学方式鼓励学生积极参与课堂并与同伴共同解决问题，有助于学生培养沟通能力和团队协作能力。教师还可以在课堂上对学生的疑问和困惑进行有针对性的指导，帮助他们巩固和拓展知识。在这种教学方式下，学生需要合理安排课前和课堂学习时间，保证学习任务能够按时完成。

（三）教师队伍建设与核心素养教育能力提升

教师是学生核心素养培养的主要引导者，高素质的教师队伍对于提高学生的核心素养具有决定性作用。下面几个方面是教师队伍建设与核心素养教育能力提升的重点。

1. 提高教师的政治觉悟和理论素养

教师应具备坚定的政治信仰、正确的政治方向和高度的政治责任感。高校应该要求教师加强对马克思主义理论的学习和研究，提高他们的政治觉悟和理论素养，为更好地进行核心素养教育奠定坚实的理论基础。

2. 加强教师的专业能力培训

教师在进行核心素养教育时，需要掌握丰富的教育教学方法和策略。高校应该定期组织教师参加教育培训和学术研讨，提升他们的专业能力，使他们能够更好地适应核心素养教育的需求。

3. 注重教师的实践能力和创新精神培养

高校应该要求教师主动参与各类教育实践活动，提升自身的实践能力，同时鼓励教师进行教育教学改革和创新，以适应核心素养教育的发展需求。

四、校园文化建设与核心素养培养

（一）校园文化活动与核心素养的培育

校园文化活动是培养学生核心素养的重要途径，多样化、富有创意的校园文化活动可以激发学生的兴趣，培养学生的多方面能力。校园文化活动与核心素养的培养可以通过以下几种方式实现。

1. 举办丰富多彩的传统文化活动

高校可以组织学生参与传统文化活动，如诗词朗诵、戏曲表演、国画书法等，让学生深入了解和体验传统文化的魅力，培养他们的文化自信。

2. 开展思政教育活动

高校可以举办主题讲座、座谈会、观影活动等，引导学生关注社会热点问题，提高他们的社会责任感和国家使命感。

3. 举办形式多样的学术与科技竞赛

高校可以组织学术论坛、科技展览、创新大赛等，激发学生的学术研究兴趣和科技创新能力，培养学生的学术素养和创新精神，为核心素养培育提供支持。

4. 推广体育与艺术活动

高校可以举办体育比赛、艺术表演等活动，让学生在锻炼身体、培养兴趣的同时，提高自己的团队协作能力和沟通能力，同时培养学生的审美能力和人文素养，为核心素养培育创造条件。

（二）塑造有利于核心素养培养的校园环境

1. 营造尊重传统文化的氛围

高校应在校园内营造出尊重传统文化、弘扬民族精神的氛围，使学生在校园生活中深入了解和热爱传统文化，自觉将传统文化内涵融入日常行为。

2. 创建共享学习空间

建设开放、共享的学习空间对于培养学生的核心素养至关重要。高校应为学生提供丰富的学习资源和设施，如图书馆、实验室、网络平台等，为学生提供方便快捷的学习途径。

3. 提倡绿色校园

高校应通过实施一系列环保政策和措施，引导学生树立节约资源、保护环境的意识。例如，开展各类环保主题活动，如垃圾分类、节能减排、绿色出行等，让学生在实践中认识到环保的重要性，培养他们的环保意识；邀请环保专家到校做专题讲座，为学生普及环保知识，提高他们的环保素养；加强对绿色校园的建设，提高绿化覆盖率，设置生态花园和室外休闲区域，为学生提供一个宜居的校园环境；推广绿色办公和绿色教学，减少能源消耗和碳排放，营造低碳、环保的校园氛围。

4. 关注心理健康教育

高校应加强学生心理健康教育，采取多种方式关注学生的心理需求，帮助学生建立健康的心理素质，提升人际沟通能力。例如，开设心理健康课程，将心理健康知识融入课程体系，教会学生如何应对压力、调整情绪、解决人际问题等；组织丰富多样的心理健康活动，如心理健康讲座、心理沙龙、心理咨询等，为学生提供心理支持，帮助他们解决心理困扰；建立完善的心理咨询服务体系，设立心理咨询室，配备专业心理咨询师，为学生提供个性化、专业化的心理咨询服务等。

第三节　传统文化融入大中小学思政课一体化建设

一、课程一体化的内涵

课程一体化作为教育领域的一个重要概念，具有多重内涵。从横向与纵向两个维度进行阐述，既要关注价值观的贯通性与重要性，又要强调不同阶段之间的有效衔接和系统安排。

（一）横向维度

横向维度主要关注学校、家庭和社会三者之间的协同合作，旨在实现学生全面发展。在思政课一体化中，高校应关注学校教育与家庭教育、社会教育之间的协调发展。这要求各方共同参与学生的价值观教育，形成有利于学生德育成长的环境。

（二）纵向维度

纵向维度主要关注各个教育阶段（包括小学、初中、高中、大学）的相同课程形成的循序渐进的有效衔接体系。在思政课一体化中，保持不同阶段思政课之间的连贯性和一致性至关重要。这要求各个阶段的思政课教学内容、教学方法和教育目标相互协调，形成一个有机的整体。

对于思政课一体化而言，既要将立德树人的理念贯穿于各个阶段，也要关注各阶段之间的紧密联系。只有在保障学生获得完整、全面、系统的思政课程内容的基础上，才能帮助他们更好地将这些知识内化于心、外化于行。

二、新时代大中小学思政课一体化建设的内在逻辑

（一）新时代大中小学思政课一体化建设的理论逻辑

思政课一体化建设既要以马克思主义为方法论指引，关注思政课立德树人的总体目标，又要立足于各个阶段教育教学的具体目标。课程内容、教学手段和教学方法的选择应根据不同阶段学生的身心发展水平进行调整，教师应采用发展的眼光进行教育教学。教育教学既要保持各个阶段的独立性，又要树立系统思维，加强不同阶段的教学交流与合作。

1. 遵循马克思关于人的全面发展思想的指导

人类发展需要在各个方面达到均衡，这样才能实现全面进步。当前，社会经济条件的变化使人们基本的教育需求得到满足，为了实现更好、更快的全面发展，人们更加追求高质量的教育。在这个背景下，思政课改革应坚持满足学生全面发展的需求，与马克思的全面发展思想保持一致。

在大中小学思政课一体化建设中,首先要根据学生的发展水平进行教学,包括教学内容和教学方法的选择,确保以学生为中心;其次要关注学生的德育发展水平,应根据不同德育水平进行教学,以促进人的全面发展。思政课一体化建设应将实现人的全面发展作为培养新时代人才的基本要求,强调德、智、体、美、劳等各方面的综合发展。

2. 遵循马克思主义唯物辩证法方法论的指导

为了全面提升德育发展水平,需要加强不同阶段思政课之间的衔接,推动思政小课堂与社会大课堂的协同发展,同时深刻理解德育目标、课程目标和教学目标之间的关系,因材施教,综合施策。因此,在大中小学思政课建设中,应遵循马克思唯物辩证法的方法论指导。首先,要在发挥思政课程主导作用的同时,强化其他学科课程对思政教育的辅助效果,协调社会各方资源,促进与思政小课堂的同向发力。其次,要关注学生成长过程中思维的变化与发展,适应学生发展的需要,及时调整教育教学策略。最后,要在对立统一中推动思政课一体化建设。在思政课一体化建设过程中,要坚持在对立中寻求统一,在统一中处理对立,以总体育人目标为导向,协调各阶段、各环节的具体目标,实现有机结合,推动育人目标整体前进。

(二)新时代大中小学思政课一体化建设的现实逻辑

各个阶段的学生在心理成长和认知能力方面存在显著差异,因此针对不同阶段的思政课教育教学应突出各阶段目标。当前,思政课育人效果有待进一步提高,各个阶段的育人水平尚未充分发挥,衔接性亦有待加强。要实现各阶段思政课一体化发展,需立足于学生的成长和发展规律、思政课立德树人总体目标的实现以及思政课育人的针对性和实效性。

1. 关注学生成长和发展规律的需要

学生在大中小学各个阶段的心理成长、思维方式等方面均存在差异,三个阶段之间紧密衔接,每个阶段只是学生成长的一部分。在认知水平和接受能力方面，大中小学三个阶段的学生也各具特点。因此，各阶段的思政课教学应有所侧重，要循序渐进、逐层深入。

在小学阶段，学生的思想观念刚开始形成，心灵较为敏感，他们渴望美好的形象。因此，小学阶段的思政课教学应引导学生学习基本的道德观念，传授真善美的知识，帮助他们辨别善恶。在中学阶段，学生的价值观和基本认知初步形成，他们开始独立思考问题。因此，中学阶段的思政课教学应以理论学习为主，兼顾社会实践能力培养，引导学生关注生活实际。在大学阶段，学生的思维能力和实践能力趋于成熟，他们能够独立思考问题，但社会经验相对不足。因此，大学阶段的思政课教学应以探讨式教学模式为主，使学生多关注社会问题，引导他们增强使命感和责任感。

鉴于学生在三个阶段的心理发展和认知接受能力各具特点，大中小学各阶段的思政课教学一方面应打破阶段隔离状态，实现上下贯通，寻找适合学生接受的表达方式和教学方法，整体把握思政课育人的渐进性和连续性；另一方面应遵循学生的成长规律，不同阶段的教育教学要有所侧重，分层递进，由浅入深。也就是说，既要保持各个阶段的独立性，又要树立系统思维，把握好各个阶段与整体发展的关系。这有助于确保思政课教学在各个阶段都能适应学生的发展需求，为他们的成长提供全面的支持和指导。

2.统筹推进思政课立德树人总目标的需要

大中小学思政课教育需要在各个阶段实现有机结合与综合发展，在各个阶段之间实现独立性与整体育人目标的协调是提高教育效果的关键。虽然不同阶段的教学表现出不同层次与特点，但各阶段思政课的本质属性是相同的，既要完成知识传授，也要实现立德树人的重要使命。各个阶段的思政课教学必须聚焦总体目标，以培养时代新人为核心，打破不同阶段之间的隔离，整体规划，确保思政课育人目标的一致性和同向性，推动各阶段协同发展，实现阶段性目标与整体目标的融合，统筹推进思政课立德树人的根本任务。

3. 加强思政课育人针对性与实效性的需要

为了实现立德树人的目标，还需要提高思政课教育的针对性和实效性。具体来说，要明确各个阶段的教学内容、教学手段和教学方法，统一思政课育人目标的阶段性和整体性。虽然国家高度重视大中小学思政课的一体化建设，但实际教育教学中仍面临分离与割裂问题，包括教学内容重复、断层、倒置，教学主体缺乏交流，教学目标衔接不足等。思政课一体化建设有助于打破阶段隔离状态，加强各阶段的有机结合，采用学生喜欢的教学手段和方法开展教学，增强课程教学目标与育人整体目标的协同发展，避免教学内容的重复与断层。思政课教育是一个有机的系统性工程，具有严密的系统性。各个阶段的教学需要在整体中实现统一、互补、互促，要运用系统方法考虑各阶段教学的分工与协作，把握各阶段的衔接关系，实现有序进阶。

三、传统文化融入大中小学思政课一体化建设的意义

传统文化融入大中小学思政课一体化建设的意义如图 7-2 所示。

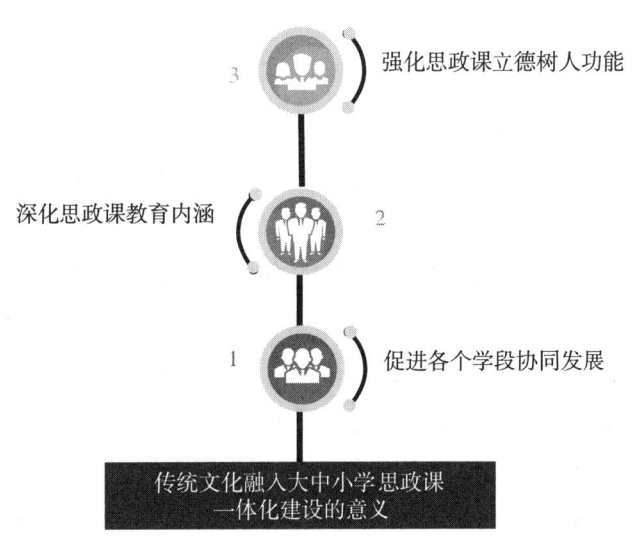

图 7-2　传统文化融入大中小学思政课一体化建设的意义

（一）促进各个阶段协同发展

将传统文化融入大中小学思政课一体化建设，有利于在各个阶段建立共同的文化基础。这样有助于加强各个阶段思政课教育的衔接，实现大中小学之间的无缝对接，确保学生在各个阶段都能接受到系统、连贯的思政教育。

传统文化具有深厚的历史底蕴，将其融入大中小学思政课可以为学生提供丰富的教育资源。传统文化中包含许多优秀的哲学思想、道德观念、历史典故、文学艺术等资源，这些资源可以丰富思政课的教学内容，激发学生的学习兴趣。通过学习传统文化，学生可以更好地理解国家的历史与文化，从而培养民族自豪感和文化自信。

传统文化的价值观念和道德观念对于各个阶段的思政课教育具有普遍意义。在小学阶段，将传统文化融入思政课可以帮助学生建立正确的道德观念，培养孝顺、尊重、谦虚等基本品质。在中学阶段，将传统文化融入思政课可以引导学生深入思考人生价值、社会责任等问题，提高学生的道德修养。在大学阶段，将传统文化融入思政课可以帮助学生形成独立思考、创新求实的精神品质，为未来进入社会发展做好准备。

（二）深化思政课教育内涵

传统文化中蕴含丰富的思想观念和价值观念，将其融入思政课教育可以丰富教学内容，提高课程的内涵。传统文化中的价值观念对于培养学生的道德修养具有重要意义。例如，孝道、礼仪、忠诚等传统美德，都是中华优秀传统文化的重要组成部分。将这些价值观念融入思政课教育，可以帮助学生树立正确的道德观念，形成健全的人格。传统文化中的诸多道德规范和行为准则，如中庸、忠诚、诚信等，也有助于引导学生形成良好的行为习惯和社会道德观。将这些传统文化元素融入思政课教育，可以为教师提供丰富的教学素材，提高课堂教学的趣味性；学生在欣赏传统文化的魅力的同时，能够更加深入地理解思政课教育中涉及的道德观念和价值观念，从而提高对思政课的兴趣和参与度。

（三）强化思政课立德树人功能

在学生成长过程中，各个阶段的思政课都可以借助传统文化的力量，加强立德树人的教育功能，使学生在不同阶段都能受到良好的道德熏陶。

在小学阶段，思政课可以通过讲述传统文化中的寓言故事、历史典故等，向学生传递孝顺、尊重、诚实等基本道德观念。这一阶段的学生正处于品行养成的关键时期，学习传统文化中的优秀品质，可以帮助他们树立正确的道德观念，形成良好的行为习惯。

在中学阶段，思政课可以结合传统文化中的哲学思想、道德规范等，引导学生深入思考人生价值、社会责任等问题。这一阶段的学生正处于各种价值观形成的关键时期，学习传统文化可以提高他们的道德修养，帮助他们在成长过程中树立起正确的世界观、人生观和价值观。

在大学阶段，思政课可以借鉴传统文化中的智慧，引导学生形成独立思考、创新求实的精神品质。这一阶段的学生正准备走向社会，将传统文化融入思政课，可以帮助他们在继承优秀传统文化的基础上，形成具有时代特色的道德品质，为未来进入社会发展奠定基础。

四、传统文化融入大中小学思政课一体化建设的对策

（一）国家层面

1.制定相应的政策法规、指导方针、实施细则、考核标准

国家应积极制定和完善相关政策法规，强调将传统文化融入大中小学思政课的重要性和必要性。这些政策法规应具体化、明确化，要涉及传统文化教育的指导方针、实施细则、考核标准等多个方面，以确保在各个层级和环节都能够有效执行和推进。

国家应制定明确的传统文化教育指导方针，明确各级教育部门和学校在推进传统文化教育方面的责任和任务，为各类主体提供明确的工作方

向。指导方针应具有针对性，针对不同阶段、地区和特点，制定有针对性的教育策略，确保传统文化教育的有效性和实效性。

国家应制定详细的实施细则，为各级教育部门、学校、教师等提供具体的操作指南。实施细则应涵盖课程设置、教学内容、教学方法、教材编写等方面，以确保传统文化教育在大中小学思政课的全面落实。

国家应设定传统文化教育考核标准，定期检查和评价各级教育部门和学校的传统文化教育工作，确保政策法规执行到位。同时，设定考核标准，激励各级教育部门和学校积极投身传统文化教育工作，形成传统文化教育的良性竞争态势。

2. 加强顶层设计

国家应从顶层设计入手，将传统文化融入大中小学思政课纳入国家教育发展战略，明确其在国家教育体系中的重要地位。这不仅有利于提高传统文化教育的政策支持力度，还能使其在教育体系中占据更为核心的地位，从而推动传统文化教育的深入发展。

国家可以设立专门的传统文化教育委员会，负责传统文化教育的规划、组织和实施。该委员会的职责如下：制定传统文化教育的长期规划、年度计划等，以期确保传统文化教育的系统性和连续性；组织专家、学者、教师等，对传统文化教育进行研究和探讨，不断优化和改进教育内容和教学方法，以提高教育质量和效果；负责协调各级教育部门、学校、社会团体等，共同推进传统文化教育的普及和推广。

3. 调整课程设置

国家应在课程设置方面进行调整，将传统文化教育纳入大中小学思政课，以确保学生在学习思政课程的同时，能够深入了解和传承传统文化。这一调整有助于使传统文化教育成为整个教育体系的基本支柱，为学生的全面发展奠定坚实基础。针对学生的年龄特点和心理发展，国家应对传统文化教育的内容进行适度分层。在小学阶段，可以通过讲故事、演示等形式，帮助学生了解传统文化中的基本道德观念和价值观念；在初中阶段，可加大对传统文化知识的讲授力度，培养学生的传统文化素养；在高中阶段，可以着重分析传统文化在现代社会中的实际意义，引导学生思考如何将传统文化与现代社会相结合。这种分层设置可以确保传统文化教育在各个阶段都能得到有效实施，使学生在不同阶段都能根据自身的认知水平和心理特点，深入学习和领悟传统文化。同时，这种分层设置有助于培养学生的传统文化兴趣和热情，激发他们在学习过程中的主动性和积极性，从而提高传统文化教育的实际效果。

4.资源投入和支持

国家应加大对传统文化教育的资源投入，支持学校、社会等各方面的传统文化教育活动。具体措施包括提供专项资金以支持传统文化教育项目的开展、优化教育资源配置以提高传统文化教育的质量、鼓励社会力量参与以促进传统文化教育的普及。

通过提供专项资金，国家可以促使学校和社会组织开展更多富有特色的传统文化教育项目，如开设特色课程、组织实践活动等。优化教育资源配置，如提高传统文化课程在课程体系中的地位、加强对教师的培训和支持等，有助于提高传统文化教育的质量，使之更具吸引力和实效性。鼓励社会力量参与传统文化教育，可以进一步扩大传统文化教育的影响范围。国家可以通过政策引导，鼓励企事业单位、社会组织等参与传统文化教育的推广和实践。

5.加强宣传和推广

国家应积极利用各种媒体和平台，如电视、广播、报纸、互联网等，加强对传统文化融入大中小学思政课一体化建设的宣传和推广。例如，通过宣传教育部门的政策措施、学校和社会组织的成功实践，以及个人在传统文化教育中的成长和收获，提高社会对传统文化教育的认识和重视，为传统文化教育营造良好的社会氛围，使之成为社会普遍关注和参与的重要课题。

6. 加强评估与监督

国家应建立健全传统文化融入大中小学思政课的评估与监督机制，对各级教育部门和学校的传统文化教育工作进行定期检查和评价。这一机制包括明确的评估指标、严格的检查程序以及科学的评价方法，以确保评估与监督工作的公正性和有效性。

通过评估与监督，国家可以发现和解决传统文化教育在实施过程中可能出现的问题，如教学内容不足、教学方法陈旧、教育资源分配不均等。评估与监督有助于推动各级教育部门和学校及时调整和优化传统文化教育工作，确保传统文化教育政策的贯彻落实；也可以激励各级教育部门和学校积极探索传统文化教育的创新实践，提升传统文化教育的质量和水平。国家可以定期发布评估结果，表彰在传统文化教育工作中取得突出成绩的地区、学校和个人，进一步激发广大教师的工作热情和创新精神，推动传统文化教育在各个阶段取得实质性进展。

7. 国际交流与合作

国家应积极开展国际交流与合作，借鉴国外在传统文化教育方面的成功经验和做法，以丰富和完善我国大中小学思政课中的传统文化教育。可以通过组织国际学术研讨会、教育论坛、教师培训班等形式，吸收国外先进的教育理念和教学方法，提高我国传统文化教育的教学质量和水平，同时向世界展示中华优秀传统文化的魅力，提升国家文化软实力。另外，国家可以鼓励跨国合作与交流项目，如国际学生互访、教育合作项目等，让中外学生共同体验和学习传统文化，促进文化的相互理解与尊重。这样不仅有助于培养具有国际视野的人才，还能为世界各国在教育领域的合作奠定良好基础。

（二）社会层面

1. 增强社会对传统文化教育的认识和重视

社会各界应积极宣传传统文化教育的重要性，让更多的人了解到将传统文化融入大中小学思政课的意义。例如，媒体、网络等平台可以定期推出相关报道、专题片、访谈节目等，提高社会对传统文化教育的关注度，对传统文化教育的实践与成果给予充分肯定，激发社会各界的积极性和参与度。

2. 社会组织参与传统文化教育

社会组织如民间团体、非营利组织等应积极参与传统文化教育的推广和实践，发挥自身优势，为学校提供丰富多样的传统文化教育资源。社会组织可以组织各类传统文化活动，如学术研讨、文化展览等，使学生在校外也能接触到传统文化，拓宽学生的认知视野。

3. 企事业单位支持传统文化教育

企事业单位在自身发展的同时，应认识到传统文化教育在培养具有良好道德品质和国家认同的公民方面的重要作用。因此，企事业单位需要积极承担社会责任，全力支持传统文化教育事业。例如，通过捐赠、资助、合作等方式，为学校提供开展传统文化教育所需的物资、场地、设备等，帮助学校改善教学条件，提高教学质量，使学生能够更好地学习和了解传统文化；与学校建立长期合作关系，共同开展传统文化实践活动，包括实地考察、技艺传习、传统文化体验等，倡导学生在实践中感受传统文化的魅力，培养对传统文化的兴趣和热爱；充分利用自身的优势资源，如企业文化、技术支持等，为传统文化教育提供有力保障；关注员工的传统文化教育，通过培训、讲座等形式，提高员工的传统文化素养，使他们成为传统文化教育的积极传播者和推动者。

4. 艺术家和文化工作者的参与

艺术家和文化工作者在传统文化传承和创新中具有关键作用，可以通过到学校举办讲座、示范课、工作坊等形式，与学生分享传统文化的知识和技艺，激发学生对传统文化的兴趣；或者与学校合作，参与课程开发、教材编写等工作，确保传统文化教育的内容贴合实际，符合学生的认知水平和需求。

5. 社会公众的参与

社会公众在传统文化教育中也发挥着重要作用，可以通过参与志愿服务、组织社区活动等方式，支持和推动传统文化教育的开展；或者通过互联网平台，发表对传统文化的见解和体验，传播传统文化的价值观念，为传统文化教育营造良好的舆论环境。

（三）学校层面

1. 优化教师队伍，提升把握传统文化教育能力

首先，要优化思政课教师队伍，增强教师对传统文化的理解与运用能力。大中小学课程教材关于传统文化的内容有深有浅，因此各阶段的教师对于教材的把握程度也不一样，中小学教师要侧重对传统文化的内涵进行讲解，而高等教育阶段的教师则应侧重对传统文化的传播与传承进行讲解。基于此，教师对教材的把握程度不能一概而论，各阶段学校也应组织本校思政课教师对教材进行研讨，加强对传统文化教材资源的深入挖掘，使思政课教材充分发挥传统文化教育的实效性。

其次，鼓励并组织思政教师参加传统文化教育的专题培训和课题申报等工作，提高教师的理论研究能力、运用能力和教育能力，确保各阶段教师拥有过硬的教材把握能力，能够深入挖掘教材之间价值观教育的切入点和连接点，提升授课能力和育人水平，从而调动学生的主动性与参与性。

2. 中小学阶段重在启蒙，教师要帮助学生对传统文化的内涵进行理解

对于中小学阶段的学生来说，传统文化教育重在启蒙，教师要引导学生形成对传统文化内涵的初步理解。在这一阶段，学校应以培养学生的兴趣和情感为主，着重激发学生对传统文化的好奇心和热爱。例如，通过生动的寓言故事来传播传统文化，引起学生的共鸣，让他们在轻松愉悦的氛围中理解传统文化的内涵；利用节日、纪念日等特定时期，开展丰富多彩的传统文化活动，让学生在实践中感受传统文化的魅力，培养他们对传统

文化的热爱和尊重。

3. 大学阶段重视践行,要矫正学生对传统文化的行为偏差

在大学阶段,学生的思维逐渐成熟,因此传统文化教育应更加注重践行,引导学生将所学传统文化理念融入日常行为,矫正可能存在的行为偏差。例如,高校可组织学生参加以传统文化为主题的社会实践活动,让学生在亲身参与的过程中,将传统文化理念落实到实际行动中;或者设立传统文化社团、组织讲座和培训等,为学生提供丰富多样的学习和实践平台,激发学生对传统文化的热情,使其能够自觉投入传统文化教育。

参考文献

[1] 李程. 传统文化精神与大学生思政教育 [M]. 北京：光明日报出版社，2013.

[2] 李娟. 全媒体环境下高校思政教育改革创新研究 [M]. 北京：北京工业大学出版社，2020.

[3] 刘红. 传统文化视角下的小学思政教育创新 [M]. 天津：天津社会科学院出版社，2021.

[4] 余晓宏. 传统文化与高校思政教育探索 [M]. 哈尔滨：黑龙江人民出版社，2019.

[5] 徐以国. 传统文化视角下大学生思政教育 [M]. 北京：原子能出版社，2018.

[6] 李冠楠. 中国传统文化与高校思政教育 [M]. 长春：吉林大学出版社，2016.

[7] 朱志湘. 思政教育在小学阶段的多元化融合 [M]. 长沙：中南大学出版社，2021.

[8] 李文丽，陈诗玉，吴丽. 大中小学思政课一体化研究现状与趋势 [J]. 教育理论与实践，2023，43（11）：38-42.

[9] 丰娴静. 当代高校思政教育的环境支持机制与对策研究 [J]. 湖北开放职业学院学报，2023，36（7）：80-81，84.

[10] 徐沛霖. 传统文化融入高校思政教育的价值与策略研究 [J]. 秦智，2023（4）：70-72.

[11] 王伟，胡世怡，程智龙. 中华优秀传统文化融入高校思政教育的三维探析 [J]. 无锡职业技术学院学报，2023，22（2）：63-67，78.

[12] 杨晶晶. 基于"大思政"理念开展高校思政教育工作的必要性与策略 [J]. 教育观察，2023，12（7）：74-77.

[13] 陈琪，孙林叶.家风教育何以融入高校思政教育[J].中学政治教学参考，2023（7）：68-70.

[14] 王笑格.中国传统文化中的生态伦理思想及当代价值应用[J].环境工程，2023，41（2）：276.

[15] 裴璨璨.核心素养视域下高校思想政治教育的内涵、特征及路径分析[J].科教导刊，2023（5）：106-108.

[16] 李琳.中国传统文化的当代价值与传承研究[J].文化产业，2023（4）：71-73.

[17] 凡学萍.中国传统文化中民本思想的发展及其时代价值[J].汉字文化，2023（3）：193-195.

[18] 银翠姣，唐梅.论中国传统文化思政教育育人价值的发挥[J].中学政治教学参考，2023（3）：109-110.

[19] 董子涵，任凤琴.中华优秀传统文化融入高校思政教育的三维审视[J].领导科学论坛，2023（1）：144-148.

[20] 李颖.基于思政教育模式高校学生管理水平的提升研究[J].江西电力职业技术学院学报，2022，35（12）：23-25.

[21] 王蓉蓉.新发展理念融入高校思政教育的路径探究[J].大学，2022（36）：74-77.

[22] 吴亚娟.新时代视域下高校思政教育创新与实践探究[J].淮南职业技术学院学报，2022，22（6）：15-17.

[23] 石远鹏，王芳.三喻文化视域下高校大学生思想政治教育主体的重塑[J].唐山师范学院学报，2022，44（6）：86-89.

[24] 金德龙.新时代背景下儒家优秀传统文化融入高校思政课教学研究[J].湖北开放职业学院学报，2022，35（21）：71-73.

[25] 李佳.新时代背景下高校思政教育的创新路径探索[J].现代职业教育，2022（29）：148-150.

[26] 吴凡.家校协同在大学生思想政治教育中的应用研究[J].品位·经典，2022（12）：110-112,140.

[27] 李茂英.浅谈中国传统文化的现代价值[J].作家天地，2022（17）：34-36.

[28] 乌日乐.民族优秀传统文化在高校思政教育中的传承及应用[J].黑龙江民族丛刊,2022(3):157-161.

[29] 沈洁.校企合作思政人才培养模式初探[J].就业与保障,2021(16):118-119.

[30] 李玲玲.校企合作模式下高职思政课创新探索[J].南京广播电视大学学报,2021(2):8-12.

[31] 张贺.双向融入的校企合作思政教学路径研究[J].科教文汇(上旬刊),2020(34):72-74.

[32] 马建新,赵永兵,崔家新.优秀传统文化融入新时代高校思政课的"三维三进"模式研究[J].河北科技大学学报(社会科学版),2021,21(4):75-80.

[33] 高娟娟.互联网背景下大学思想政治教育之心理危机干预家校联动探析[J].数据,2021(12):107-108.

[34] 张昊.试论新时代大学生思想政治教育的家校联动模式构建[J].扬州大学学报(高教研究版),2021,25(4):84-88.

[35] 欧阳昌雄.中国传统文化在学生思想政治教育中的价值[J].中学政治教学参考,2021(30):91.

[36] 韩杨.新时代高校辅导员开展思政教育工作的方法与策略[J].吉林教育,2021(增刊5):80-82.

[37] 聂勇.校企合作视域下高职院校课程思政建设的难点与突破[J].湖北师范大学学报(哲学社会科学版),2022,42(2):95-99.

[38] 徐世甫.网络育人:新时代高校思想政治教育新范式[J].中国高等教育,2019(9):50-52.

[39] 崔涛."课程思政"视域下高校社会主义核心价值观教育路径新探[J].教育评论,2018,233(11):88-91.

[40] 冯留建,刘国瑞.新时代高校思想政治教育内容创新研究[J].学校党建与思想教育(下),2018(7):4-8.

[41] 饶浪."互联网+"时代高校思想政治教育工作创新研究[J].教育研究,2021,3(12):57-58.

[42] 许静波，王晶.中华优秀传统文化与高校思想政治教育的语境融合[J].思想教育研究，2018（3）：106-109.

[43] 俞以撒.中国传统文化与大学生思想政治教育的融合性[J].中学政治教学参考，2021（37）：97.

[44] 王瑞雪，靳继刚.浅谈优秀传统文化在高校思想政治教育中的融入路径[J].福建茶叶，2020，42（4）：238.

[45] 郭燕.优秀传统文化融入高校思政课程的现实困境与路径[J].教育理论与实践，2023，43（3）：53-56.

[46] 刘叶.奏响传统文化与思想政治教育的交响乐章：评《传统文化融入高校思想政治教育研究》[J].中国党政干部论坛，2019（3）：100.

[47] 闫素娥.优秀传统文化与大学生思想政治教育的关系新探[J].教育与职业，2009（33）：71-73.

[48] 安涛，李蕾，翟广运.试析中国传统文化教育与高校思想政治教育的契合[J].学校党建与思想教育（中），2012（12）：33-34.

[49] 肖勇，杜勇，魏维.传统文化视野下的中国梦与高校思想政治教育的价值及实现路径[J].四川戏剧，2015（5）：130-132，138.

[50] 任世强.传统文化精髓与高校思想政治教育融通探析[J].黑龙江高教研究，2017（7）：140-142.

[51] 苏洁，吴明华.中华优秀传统文化融入高校思想政治教育的内在逻辑与现实维度[J].学校党建与思想教育，2023（1）：72-75.

[52] 王港阳.大中小学思政课一体化主题教学研究[D].杭州：浙江大学，2022.

[53] 张娜.以精准思政推进优秀传统文化融入高校思政教育研究[D].济南：山东大学，2022.

[54] 骆津晶.中华优秀传统文化融入新时代高校德育教育研究[D].北京：北京外国语大学，2021.

[55] 储悦.一体化背景下大中小学思政课学段衔接的路径探析[D].漳州：闽南师范大学，2022.

结　语

中国传统文化博大精深，它是中华民族在几千年的历史演变中积累形成的。这一文化积淀以其丰富的道德理念、哲学思想、艺术形式等特点，成为人们理解中华民族历史进程、社会变迁和民族精神的重要视角。它是人们在历史长河中对发展的一种尝试和创新，也是对人性和社会的深入剖析和反思。

在新时代背景下，中国传统文化并没有成为历史的尘埃，反而展现出其特有的活力和价值。它的现代价值在于帮助人们理解和解决现实问题，提升社会治理效能，弘扬民族精神。更重要的是，它能以深厚的道德内涵和智慧，为推动社会主义核心价值观的践行提供精神支撑和资源。作为我国高等教育的重要组成部分，高校思政教育的目标是培养具有社会责任感和历史使命感的社会主义建设者和接班人。面对新时代的挑战，高校思政教育需要从理念、内容和方法等方面持续地创新和优化，以更好地满足学生的发展需求。

将传统文化融入高校思政教育，可以视为一种教育创新的尝试。它基于传统文化和高校思政教育在价值目标和育人理念上的高度契合，通过挖掘传统文化的教育资源，丰富高校思政教育的内容和形式，可提升思政教育效果。具体来说，传统文化中的精神内涵和社会主义核心价值观在很大程度上是一致的。它们都追求人的全面发展，主张公正、公平、和谐，尊重个体的尊严和权利。这种价值观的一致性为传统文化融入高校思政教育提供了理论基础和价值指引。传统文化中的优秀元素，如忠诚、孝顺、仁爱、和谐等，也可以作为高校思政教育的重要教育资源，为学生的思想品格和人格成长提供丰富的养分。

然而，要将传统文化有效地融入高校思政教育，不仅需要人们有高度的文化自觉和文化自信，更需要制定科学的策略，遵循一定的原则，建立健全的保障体系。首先，要借鉴马克思主义教育观、混合学习理论、协同理论等理论，确保教育活动的科学性和有效性。其次，要根据实际情况，灵活运用各种教育方法和手段，既要注重知识的传授，也要注重能力的培养；既要重视理论的学习，也要重视实践的体验。如此才能激发学生的学习兴趣，提升他们的学习效果。需要注意的是，传统文化融入高校思政教育是一项长期而艰巨的任务，需要人们持之以恒、勇往直前。只要坚守教育的初心，坚持科学的教育观，坚信传统文化的价值，就一定能够在这个过程中取得丰富的收获，为高校思政教育的发展以及中国特色社会主义事业的前进做出积极的贡献。

总之，中国传统文化融入思政教育的前景广阔，它既可以推动中华优秀传统文化的传承和发展，也可以提升思政教育的理论深度和实践效果，还可以推动我国教育体系的改革和发展。在新时代的背景下，人们更应该注重传统文化与思政教育的融合，推动我国教育事业向更高水平发展。